传递价值

茅台美誉力
从产品到企业的影响力变革

张小军 马玥 熊玥伽 著

电子工业出版社
Publishing House of Electronics Industry
北京·BEIJING

未经许可，不得以任何方式复制或抄袭本书之部分或全部内容。
版权所有，侵权必究。

图书在版编目（CIP）数据

茅台美誉力：从产品到企业的影响力变革 / 张小军，马玥，熊玥伽著 . — 北京：电子工业出版社，2022.12

ISBN 978-7-121-43857-8

Ⅰ. ①茅⋯　Ⅱ. ①张⋯　②马⋯　③熊⋯　Ⅲ. ①茅台酒－企业管理－研究　Ⅳ. ① F426.82

中国版本图书馆 CIP 数据核字（2022）第 208342 号

出版统筹：刘声峰
责任编辑：黄　菲　　文字编辑：刘　甜　　特约编辑：刘　露
印　　刷：天津图文方嘉印刷有限公司
装　　订：天津图文方嘉印刷有限公司
出版发行：电子工业出版社
　　　　　北京市海淀区万寿路 173 信箱　邮编：100036
开　　本：720×1000　1/16　印张：18.75　字数：272 千字
版　　次：2022 年 12 月第 1 版
印　　次：2022 年 12 月第 1 次印刷
定　　价：80.00 元

凡所购买电子工业出版社图书有缺损问题，请向购买书店调换。若书店售缺，请与本社发行部联系，联系及邮购电话：(010) 88254888，88258888。

质量投诉请发邮件至 zlts@phei.com.cn，盗版侵权举报请发邮件至 dbqq@phei.com.cn。

本书咨询联系方式：1024004410（QQ）。

总　序
大历史格局中的中国茅台

生于赤水河畔，源于秦汉，发扬于唐宋，成形于明，繁华于清，盛于当代，这就是中国茅台。穿越历史见证华夏文明演变，历经岁月更迭与经济发展，才有了今天茅台的千年传承、百年跨越、时代使命。

茅台演化于山谷文明，傍山而成，依水而存。川盐入黔后，借助盐道东风，誉遍中国大江南北。1915年，在巴拿马万国博览会上的惊艳亮相，使茅台一举走向世界，成为中国民族品牌的一张名片。此后，中国茅台不断在世界上获得多项殊荣，成为名副其实的世界三大蒸馏名酒之一。

从1951年国营建厂到2021年启动"十四五"规划，茅台从39人到4.3万余名员工，从酿酒烧房成长为现代化企业，从西南一隅走向全球舞台。回看历史，着眼当下，展望未来，以大历史观和世界观来看，茅台是生于斯长于斯的中国茅台，是将中国古老的农业文明带向今天现代文明的标志性案例，是在科技进步推动人类不断向前演进中，依然传承千年工艺、坚守品质

的范本。

我们研究茅台案例,是从中国管理学史的创新发展出发的。在世界范围内,早在20世纪初,美国、日本等国家便有了基于企业实践案例的管理学思想,并持续影响世界。今天,越来越多的中国企业走向世界,并在世界发展大格局中赢得一席之地,我们应该有这样的自信,可以从中国企业实践中抽象总结出经典的管理学思想与发展逻辑。无疑,茅台应该作为这样的范本,得到剖析。

本系列书首次客观、系统地探索茅台为什么成、茅台为什么独特、茅台为什么能等问题。作为头部企业观察者、记录者、研究者,得益于国家的飞速发展,也得益于企业实践的丰富多彩,我们有了更多样化的蓝本,同时,我们始终心存敬畏,坚持真实客观地进行解读,以期完整、系统地还原企业发展的实践与演变。

缘何发起茅台之问

大众对茅台并不陌生,在人们心中,茅台酒是好酒的代名词,茅台是中国民族品牌,茅台文化是中国白酒文化的杰出代表。但为何还要发起茅台之问?皆因大众对茅台往往"知其然不知其所以然",甚至对"茅台是什么"这个问题的答案也并非完全熟知,因此,我们回归知识最初的三个层面,解读"茅台是什么""茅台为什么""茅台怎么样"。

茅台是什么

首先，茅台是一瓶酒，这是它的产品属性，但是这瓶酒代表了中国白酒酿造工艺的最高水平。茅台从历史中走来，带着悠久的记忆。茅台酒的工艺最早可以追溯到两千多年前，从西汉的枸酱到唐代的钩藤酒，再到之后的纯粮酒，原料从最初的水果变成粮食，技艺传承从口口相传到师带徒再到形成理论规范。这一路演进变化，吸纳了许多创新思想、方法，经过了数代酿酒人的传承和精进，才成为中国酿造工艺的高水平代表。

其次，茅台是一家企业，年营收过千亿元。旗下贵州茅台2021年年报显示，公司实现营收1 061.9亿元，同比增长11.9%；实现净利润524.6亿元，同比增长12.3%。

最后，茅台是中国白酒领军企业、国际知名白酒品牌，是2021年"BrandZ™最具价值全球品牌100强"排行榜唯一上榜的中国白酒企业，品牌价值达到1 093.30亿美元，在世界级烈酒企业中单品销售额高居全球第一，更在2021年首批入选中欧地理标志产品。

茅台为什么

茅台集团党委书记、董事长丁雄军认为，传承好茅台基因，关键在于回答好三个"为什么"——为什么离开茅台镇酿不出茅台酒？为什么茅台酒好喝？为什么茅台酒越陈越香？

丁雄军从茅台的生态、品质和时间密码三个维度回答了

"茅台为什么"。茅台酒的高品质离不开所处的生态环境：赤水河谷独特的微生物环境，造就了酿造茅台酒的15.03平方公里核心产区。同时，茅台酒的高品质也来自对传统工艺的坚守与对质量的把控：一丝不苟、心无旁骛、用心呵护，只为酿造一瓶好酒。独特的生态环境与对高品质的要求，可谓地利人和，再加之酒是时间的产物，是时间的瑰宝，也就有了茅台酒越陈越香的特质。

茅台怎么样

经历70多年的发展，从起步到辉煌，茅台作为一家实业企业、一个民族品牌，历来以国企使命、社会担当为己任。从发展路径来看，茅台不以追逐利润最大化为目标，始终保持自身的定力，稳定增长，这从产能与产量方面便可看出。在社会担当方面，茅台在2009年发布了第一份社会责任报告，到2021年，已经连续发布了13年，这是行业唯一，亦足见其对"责任为王"的坚守。在国企使命方面，无论公益还是社会，抑或环境，茅台在社会公益、脱贫攻坚、生态保护、行业竞合等方面，都体现出了大品牌、大担当的格局与胸怀。

百年风雨，四时更迭，中国企业经历波澜壮阔的社会变迁与时代变革，从落后到追赶，从赶超到跨越，实现了中国商业的进化与崛起。但像茅台这样的企业，能从历史长河中走来，并跟着新中国的号角发展，在足够长的时间内以质为本，把质量当成生命之魂，并不多见。

高质量发展的顶层设计

党的二十大报告强调:"高质量发展是全面建设社会主义现代化国家的首要任务。发展是党执政兴国的第一要务。没有坚实的物质技术基础,就不可能全面建成社会主义现代化强国。必须完整、准确、全面贯彻新发展理念,坚持社会主义市场经济改革方向,坚持高水平对外开放,加快构建以国内大循环为主体、国内国际双循环相互促进的新发展格局。"自党的十九大报告提出"高质量发展"以来,着力推动高质量发展,就被摆在了突出位置。

茅台集团党委书记、董事长丁雄军在2021年9月24日召开的贵州茅台酒股份有限公司2021年第一次临时股东大会上指出:"立足新秩序重塑期、新格局形成期、新改革攻坚期'三期',走好蓝绿白紫红'五线发展道路'[一],按照'聚主业、调结构、强配套、构生态'发展思路,着力把股份公司打造成为世界一流的上市企业。"之后一年时间,茅台从顶层设计上提出坚定不移走好"五线发展道路",出台推进生产高质量发展的实施意见,提出"五匠质量观"、"五合营销法"、构建现代供应链生态圈,高质量发展体系基本成型。

在新时代、新语境下,茅台以高质强企为追求,赋予质量

[一] 五线发展道路是指蓝线、绿线、白线、紫线和红线。蓝线发展是愿景目标,绿线发展是低碳环保,白线发展是改革创新,紫线发展是茅台文化,红线则指环保底线、腐败高压线和安全生命线。

全局意义,丰富质量的内涵。企业发展不仅要确保生产质量,也要提高服务质量、经营质量、管理质量等,只有完善"大质量"管理体系,才能在高质量发展之路上阔步前行。

从"以质量求生存"的文化根源,到"视质量为生命"的文化提升,再到"质量是生命之魂"的文化升华,茅台正在做好质量文化的顶层设计,让"质量是生命之魂"成为新时代引领茅台高质量发展的精神信仰和价值追求。为呵护生命之魂,茅台提出遵循"五匠质量观"(匠心、匠魂、匠术、匠器、匠人),构建"365"质量管理体系,做到"事事都要质量官、处处都有质量官、人人都是质量官",形成时间轴、空间轴和人物轴"三轴"紧扣的质量管理链条。

志之所趋,无远弗届。新体系的构建展现了茅台面向高质量发展的雄心壮志。它将坚守大国企业的时代责任,牢记使命,坚持胸怀天下,坚持开拓创新,不畏风雨艰险,不为干扰所惑,以"咬定青山不放松"的定力创造价值,实现目标。

以高质量发展为中心,茅台形成了清晰的思路,对自身发展战略有着客观认知,从而建立了完整模型,做到有的放矢、精准施策。当然,未来的不确定性始终存在。在科技创新、国际化发展、对标世界一流企业的过程中,茅台需要解决层出不穷的难题。外部环境也不可控,消费时代变迁、市场周期波动,以及类似新冠肺炎疫情、食品安全问题、产业链重构这样的"黑天鹅""灰犀牛"事件,都是茅台随时要面对和抵御的风险。各种不确定性让研究茅台变得更有价值,让人们更加想要了解它如何在"五线发展道路"上行走，以实现预期的高质量发展目标。

生于忧患，死于安乐。企业应常怀远虑，居安思危。茅台将以质量为魂，以消费者为王，以责任为根本，以归零心态拥抱创新，开拓奋进，劈波斩浪，一往无前。

剖析中国商业的样本

2021年是茅台国营建厂70周年，也是贵州茅台上市20周年。

在茅台建厂70年的历程中，这一年是非常短暂的，却有着特殊意义。全球新冠肺炎疫情的发生改变了人们的生产生活方式，在新秩序重塑期、新格局形成期、新改革攻坚期"三期"叠加时代，我们不仅能够触摸茅台的过去，还有幸看到一个快速创新求变、焕发新姿态的茅台。

自中华人民共和国成立至今，从计划经济时代到社会主义市场经济时代，从物资紧缺到消费升级，从百废待兴到成为世界第二大经济体，中国社会经济发生了翻天覆地的变化。茅台亦从作坊到国营酒厂，再成长为年营收过千亿元的白酒行业领军企业，经历了从奠基立业到改革兴业，再从转型大业到高质强业的四个阶段。毫无疑问，在中国经济波澜壮阔的发展历程中，茅台演绎了精彩的故事。其中，既有产能破百吨、千吨、万吨的艰难挑战，也有年营收突破百亿元、千亿元的高光时刻，还有不断创新高的市值，以及从1个主品牌到"1+3+N"的

品牌版图进阶。

作为国营酒厂,茅台是国家轻工业发展的实践者、亲历者;在市场经济时代,茅台的发展是中国经济发展的缩影;身为白酒行业领军者,茅台为行业贡献了大量宝贵经验;作为高质量发展的品牌标杆和范本,茅台走在时代的前列。研究中国企业,一定离不开对茅台的研究。从商业角度剖析茅台,就是从一个最重要的样本角度记录中国企业的发展史。

考拉看看一直以记录为己任,认为从商业的视角来洞察、解读历史,是为了更好地走向未来。真实客观地解读茅台,可以为人们研究中国企业、研究中国白酒行业、研究茅台提供素材,可以让后人理解茅台在过去是如何创造奇迹的,也可以让更多人期待茅台的明天。

因此,在2020年,我们调研创作了《这就是茅台》,以全局视角洞见茅台,全景式解读茅台的成长逻辑。与此同步,团队从战略、文化、品牌、科技、管理及产品等多角度着手,更深入地挖掘茅台价值,揭开千亿企业的面纱。对于一个有着70余年历程、4万多名员工、年营收超千亿元的企业而言,只有从不同角度进行展现和剖析,才能让它更清晰、更立体,也更真实。

凝结茅台"五力"

站在大历史观角度看今日的茅台,考拉看看头部企业研究中心试图挖掘茅台这一标杆背后的商业逻辑,从时间维度、战略维度、管理维度、文化维度、业务维度出发，概括出茅台所具备的稳健、继承式创新、顺天应时、价值创造、稀缺性、高壁垒等多种特质，最终提炼出了茅台高质量发展的五大核心力量——工匠力、创造力、定力、美誉力、文化力，它们共同托起了茅台的理想和希望。

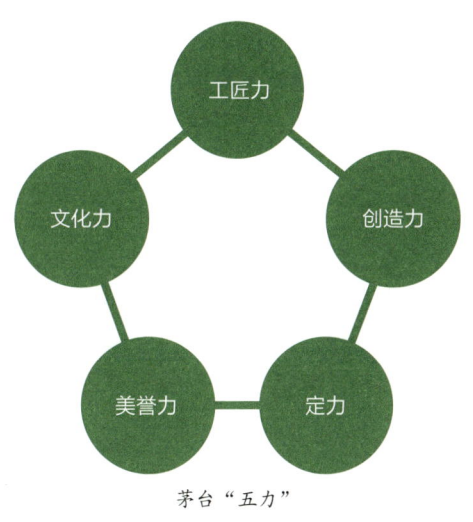

茅台"五力"

工匠力：工匠力是茅台行走于高品质之路的强大动力，呈立体攀升的态势。人、尺度和持续性是其立体化的重要支撑。这种力量具有不可复制的特性，从时空融合到人工技艺，都是时间、空间、人共同打造的独特集合。茅台工匠力不仅是产品品质的重要支撑，也是和大国工匠力可堪比拟的力量。工匠力持续积累、爆发，推动茅台的成长，使其成为大国工匠的先行者，并将助力茅台创造更辉煌的未来。

创造力：创新是指创造新的事物、方法，并能获得一定效

果的行为。而创造，则是包含创新含义的更大范围的概念，它是企业有意识的、主动的行为。在创造力的作用下，茅台自信满满、活力四射，通过极具智慧的思考、巧妙的方法、勤劳的双手，不断迎接挑战、解决问题，实现跨越式发展，开创行业先河，并为社会贡献力量。创造力是茅台的内生动力，塑造了茅台的今天，并将带领茅台拥抱未来。

定力：《无量寿经》卷下记载："定力、慧力、多闻之力。"其中，定力意味着注心一境，不散乱，有极强的意志之力。茅台的定力来自茅台对国家的热爱、对使命的坚定追求、对行业深刻的认识与洞察、对产品的信仰与情怀、对市场的敬畏、对消费者的尊重与善待。正是这样的力量，让茅台能够在历史长河中坚守正道，抵抗诱惑，抵御风险，历经苦难，迎来今天的成就。

美誉力：美誉力是企业产品、服务、营销、文化及品牌等因素的综合体现，它有双向生长的路径。内生的力量能构建茅台品牌生长路径，深入品质特性，展现品牌性格，彰显企业风范。外生的力量形成于外部环境中，来自消费者、经销商、供应商及其他社会群体的正向反馈。美誉力对于企业品牌占领用户心智、树立行业自信、开拓全球市场、传播中国文化有着驱动作用。这种看不见的力量让茅台美誉持续绽放，提升市场竞争力，筑造抗风险的坚固城墙。

文化力：由茅台文化投射出的茅台文化力，是基于茅台文化内涵的一种张力，是价值观和秩序的重建能力。对于茅台内部而言，它构建了企业的内部凝聚力和发展力；对于消费者而言，它重新定义了一瓶好酒的价值。对于行业而言，它重构了行业的格局和秩序。从微观来看，文化是助推茅台成功的关键力量，茅台成功的一个决定性因素就在于对文化的深度挖掘与融合。从宏观来看，茅台文化力折射出了中国文化复兴的光辉，亦是白酒文化的代表性力量。

基于此，我们将茅台"五力"凝聚为五部作品，即《茅台工匠力》《茅台创造力》《茅台定力》《茅台美誉力》《茅台文化力》，融合商业、文化、社会学及品牌等视角，通过模型构建，用场景化、主题式、切片式的方式，对每一种力量进行阐释，研究其形成的原因、赋能企业发展的路径及未来发展方向。

站在"两个一百年"奋斗目标的历史交汇点，征途漫漫，唯有奋斗。站在茅台建厂70周年的新起点，面对未来的无人之境，无限风光在险峰，唯有前行，不负韶光。在新征程上，我们期待茅台继续埋头苦干、自我革新、勇毅前行，创造更辉煌的未来。我们更相信，以茅台为代表的高质量发展样本企业，一定能够不负使命、攻坚克难，迎来更伟大的胜利和荣耀。

时光总是向前，奋斗永不停歇。循梦而行，向阳而生，所有美好，终将绽放。欢迎读者与我们交流，我们的电子邮箱是：5256100@qq.com。

张小军　马　玥　熊玥伽

2022年11月1日

特别说明：

每一个汉字都承载着特定的文化信息，具有丰富的文化内涵，"茅台"这个词在本书的写作中，除非有特定语境，均为茅台集团或茅台酒的简称，具体理解与描述语境相关。在本书中，中国贵州茅台酒厂（集团）有限责任公司简称茅台集团，贵州茅台酒股份有限公司简称贵州茅台，贵州茅台酒厂（集团）习酒有限责任公司（2022年9月9日，贵州习酒投资控股集团有限责任公司揭牌）简称习酒，其他涉及茅台集团的分公司、子公司，本书尽量采用类似的简称进行描述。

前　言
春水流时，百舸争渡

茅台为什么成功？

有人说是战略正确。时代的洪流滚滚向前，茅台在战略引导下乘风破浪，屹立于潮头。在企业发展的不同阶段，茅台都做出了正确的抉择，始终走在正确的道路上。

也有人认为是产品为王。茅台始终将酿造美酒作为重要使命，致力于酿制"时间的玫瑰"。53度飞天茅台酒不仅为企业发展注入强劲的内生动力，更为我国白酒行业积蓄了巨大势能。

还有很多人说是工艺制胜。茅台酒神秘、独特的工艺经代代传承精进，被誉为我国白酒工艺的"活化石"。多年来，茅台人始终秉承工匠精神，敬业、精益、专注、创新，为茅台筑成品质城池。

品牌文化也被人们时常谈及。茅台有丰富的文化资源和深厚的历史底蕴，是很多品牌无可比拟的。在时间的历练中，文化资源不断发酵，自我生长，成为独特的品牌竞争力。

带着不同的揣测，2020—2021年，考拉看看头部企业研究中心连续两年进驻茅台集团，探索茅台成功的秘密。在这个过程中，我们围绕工艺传承、产品、管理、制度等各方面挖掘了诸多线索，许多猜想也得到了印证。坚守质量、传承技艺、与时代同行等，都能用来描述和回答"茅台为什么成功"。如果一一列举，那将会是长长的一串答案。

但在此之外，我们发现了一种看不见的竞争力——美誉力。坚冰深处春水生，茅台的这股力量好似一江春水。它看似柔和，却能融化坚硬的寒冰，更拥有勇往直前、汹涌澎湃的特质。

美誉力无形，却能持久。瓷器是中国古代的伟大发明，其声名远播、影响深远，一度成为欧洲王室和贵族等追捧的奢侈品。千年时光里，典雅、高贵的瓷器渐渐成为联系中国与外国的纽带，这种连接非但没有因时间流逝变得松散，反而酝酿出越发深厚的韵味，成为一种中国符号。瓷器、丝绸、茶叶、纸张……这些"中国创造"，在农业社会享有极高美誉力的中国品牌，受到世界人民的广泛喜爱。

然而，进入工业时代后，中国历经千年时光积淀的品牌美誉力在机器、枪炮的裹挟之下渐渐沉寂，只是偶尔泛起零星的小水花。

改革开放后，通过为外资品牌代工，中国的工业制造体系快速发展，中国很快成为"世界工厂"。风靡全球的"中国制造"渐渐成为推动中国经济增长的重要模式，为国家经济发展源源不断地输送着"血液"。但与此同时,经济高速增长下被掩盖的自主品牌缺失问题日益凸显。代工模式虽然能够为发展中国家的生产商提供快速的产品升级和过程升级渠道,但阻碍了生产商的自主研发能力和自主品牌发展能力的培养,使其陷入自主品牌缺失的困境。㊀

在这种情况下,即便"中国制造"的品质再高,也难以在国际市场立足。没有品牌溢价,制造的产品越多,凭借大量廉价劳动力创造的红利就被稀释得越严重。这意味着,人口红利一旦消失,"中国制造"在激烈的市场竞争中将不再具有优势。将国际代工升级到自主品牌建设,已成为中国企业的必然选择。

中国共产党第十八次全国代表大会召开后,中国更加高度重视自主品牌建设,"中国制造"开始向"中国创造"转变。中国品牌迎来了转型升级、快速提升品牌美誉力的重要机遇。

在品牌强国战略的引领下,中国品牌正在坚定地向全球中高端产业链迈进。2021年"世界品牌500强"发布,中国有国家电网、中国石油、茅台等44个品牌入选,在所有国家中位列第四。㊁

未来,中国品牌将实现从"跟跑"到"并跑",再到"领跑"的转变,迎来"品牌强国"的美好时代。美誉力将成为企

㊀ 杜宇玮.全球价值链中的品牌壁垒与中国代工模式超越[J].产业组织评论,2019,13(01):1-27.

㊁ 摘自中国新闻网的《"最新世界品牌500强":谷歌、亚马逊、微软居前三 中国44个品牌入选》。

业在产品、技术、管理等要素之外的核心竞争力。因此，企业应高度重视美誉力这种无形但又影响深远的力量，通过坚守高品质、持续创新、诚信经营等方式，构建品牌壁垒，推动中国品牌的美誉力向世界传播。

基于此，对茅台美誉力的研究变得更为紧迫，具有强烈的时代意义。在本书中，我们试图将这种看不见的抽象力量进行具象化表达，与更多人分享，也希望为更多企业提供借鉴与参考。

将抽象问题具象化是我们面对的首要难题，亦是最大的难题。茅台美誉力是什么？面对这样的问题，很多人都难以作答。但如果换一个问题，就会容易得多。在谈到茅台时，你会想到什么？答案是多种多样的。例如，一瓶难求、千亿元营收、万亿元市值、高端品牌、中国白酒行业第一、"酱酒热"的引领者等。实际上，当人们在谈论这些话题的时候，美誉力就悄然而生，并且反作用于人们的认知和评价。而在实际过程中，美誉力的形成和产生的影响更加复杂。

基于此，考拉看看头部企业研究中心将茅台美誉力的构成要素、表现、效能和作用进行体系化梳理，形成清晰的架构。本书第1章介绍了茅台美誉力的"543"价值体系，并阐释其内涵，系统性地回答了茅台美誉力是什么、如何形成、有何影响三大核心问题。从产品、行业、文化、社会责任和品牌五大维度，阐述茅台构建出高品质、多价值、正向符号、风范四大美誉力属性，从而形成不可复制的综合竞争力，对企业经营、行业发展产生积极作用。

第2～5章对茅台美誉力的四大属性依次进行阐述。任何企业都可以从五大维度构建自身的美誉力，但每个企业构建的体系各不相同。对茅台来讲，高品质、多价值、正向符号和风范则代表其美誉力的独特属性，与其他企业相区别。这些属性如何形成？茅台是如何做到的？书中将给出答案。

第6～8章，结合茅台在品牌扩张、国际化和未来发展方面的诉求，探讨美誉力的效能和作用。茅台美誉力如何占领用户心智、树立行业自信、开拓全球市场、传播中国文化……这些问题将一一展开。

与其他企业相比，茅台的美誉力既有个性之处，也有共性特征。例如，在品牌国际化方面，多数品牌存在与海外品牌的产品同质化问题，需要打造产品差异性。而茅台作为中国酱香白酒的代表，本身就具有独特性，甚至是唯一性。因此，相较于国内市场竞争，茅台更注重如何培育海外消费者。

而在共性方面，无论茅台还是其他企业，在构建美誉力时，都离不开对品质、价值、文化等要素的全面提升。基于此，茅台美誉力之路更具借鉴意义。未来商业是关乎美誉力的竞争，相信读者能从《茅台美誉力》中收获力量。

目　录

01 茅台美誉力价值体系

- 品牌价值全球领先　003
- 茅台美誉力价值体系　010
- 茅台美誉力的历史演进　015

02 高品质的强烙印

- 品质的时空观　025
- 工艺的高品质　036
- 科技赋能高品质　053

03 认同与多价值

- 功能价值　065
- 情感价值　068
- 金融价值　075

04 构筑正向符号

- 坚守工匠精神　085
- 历史的见证者　091
- 中国名片　100
- 坚守经营的本质　108

05 茅台风范

- 社会责任的担当者　125
- 乡村振兴，共赴美好　146
- 生态守护者　153
- 牵动酱香酒行业发展　167

06 构建品牌美誉力壁垒

- 品牌壁垒优势　181
- 来自国际品牌管理的启示　184
- 不可复制的茅台品牌　196

07 酒的世界是平的

- 中国品牌国际化的共同挑战　219
- 白酒出海正当时　224
- 他山之石：求同存异之路　228
- 中国白酒国际化的茅台样本　236

茅台美誉力

08 维护美誉，持续卓越

- 未来美誉力的挑战　249
- 用生长应对动态世界　260
- 构建有远大理想的茅台　271

后记　不惧险滩，春水长流　274

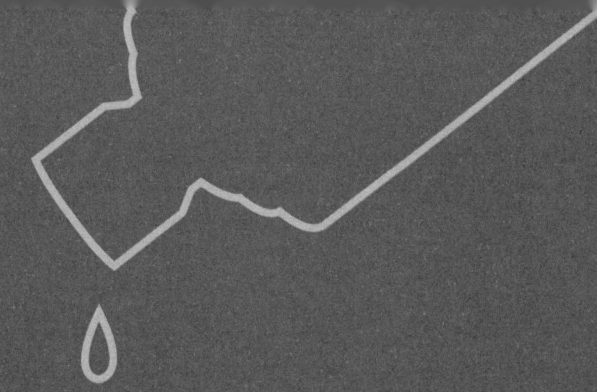

01
茅台美誉力
价值体系

为什么茅台能成为时代的企业？

为什么茅台的品牌价值能持续增长？

为什么茅台备受追捧与赞誉？

从茅台美誉力价值体系出发，可以从一种全新的视角去看茅台，赋予产品、行业、文化、社会责任和品牌新的意义，并探索发现新的内涵。

品牌价值全球领先

2020年6月30日,"BrandZ™最具价值全球品牌100强"排行榜发布,茅台以537.55亿美元的品牌价值位列榜单第18名,较2019年的第35名上升17位,在全球价值增速最快的品牌中位列第1。2021年,在"BrandZ™最具价值全球品牌100强"排行榜榜单上,茅台又以1 093.30亿美元的品牌价值位列第11。仅一年时间,茅台的品牌价值增长103%,排名上升7位。

截至2021年,24年来,BrandZ™已经在全球51个市场上调查了400多万名消费者,涉及对1.8万个品牌的深度分析。[一]榜单代表品牌的过去,也预示品牌的将来。BrandZ™全球主席王幸表示,过去10年间,中国品牌价值榜的价值增速双倍于全球榜,而茅台是其中的佼佼者。

数据往往是最具支撑力的论据。从茅台在BrandZ™榜单上

[一] 摘自《经济观察报》的文章《BrandZ最具价值全球品牌100强发布18个中国品牌入围》。

的数据来看，其品牌价值显示出强劲的生命力，已然是世界知名品牌。但在数据背后，人们仍然好奇，茅台品牌价值从何而来？为什么人人都说茅台好？我们从消费者、行业伙伴、供应商、经销商的口中获得了一些答案。

消费者：符号的象征意义

品牌价值的最终买单者是消费者。对于消费者而言，品牌实质上是一种符号。"茅台"两个字在消费者心中，绝不仅仅代表"茅台酒"，而是具有更深层次的符号意义。

但"茅台"对于消费者到底意味着什么，是一个很难回答的问题。一千个读者眼中就会有一千个哈姆雷特，没人能把上千万个人对茅台的想法总结成一个标准答案。

有的消费者说："是正品。"言下之意是买到正品茅台酒，足矣。还有爱喝茅台酒的人说："茅台酒喝了不上头、不难受，好酒的确不一样。"也有人说："多喝几次酱香酒就再也喝不了其他酒了。"这些是消费者从产品的物理层面做出的正向评价。

在产品之上，茅台品牌的符号意义是多重的。从消费者的购买理由中，就能看出其含义。有的消费者把茅台酒当作承载社交礼仪的最佳选择："酒不错，有面子，买来送礼很好。"任何事物一旦和情义沾边，往往就有了高附加价值和独特性。中国人重礼，所以待客宴请都要用最好的东西。在一些较为重要的社交场合常常见到茅台酒的身影,它代表着尊重、敬重。有的消费者把茅台酒当作情感沟通的桥梁:"春节买了两瓶,与家人团圆,有喜庆的感觉。"此时酒不只是酒,更是一种情感的连接,亲情、友情、爱情……都能在酒中得到催化。在一些重要的聚会场合,茅台酒被认为是情感连接的不二选择。茅台酒贵重、稀缺的特性,正好匹配人生中的重要时刻,有利于促进情感的连接。

茅台酒和其他名酒、优酒之间存在明显的品牌区分,产品本身的稀缺性让消费者产生了依赖。在高端白酒品牌行列中,茅台酒一枝独秀,越是一瓶难求,就越是受到追捧。消费者买茅台酒,不仅仅获得了酒,更获得了品位、情感、生活上的满足,消费者不仅获得了物质价值体验,还获得了精神价值体验。连生活在乡村的八旬老人都知道:"茅台酒以前卖几百块钱一瓶,贵的时候,要一千多块钱一瓶。"茅台品牌深入人心的程度及其辐射的范围,可见一斑。

行业:发展的样本

从2016年起,茅台开始在各种场合强调竞合理念,频繁与同行业的白酒企业进行交流。五粮液、泸州老窖、汾酒等企业与茅台频繁开展学习座谈,劲酒、郎酒、洋河大曲等企业也纷纷与茅台互相学习,互相来往。时任洋河股份董事长的王耀认为,茅台现象值得行业研究,茅台的发展经验值得行业学习,

茅台已成为众多兄弟企业的"发展范本"。

随着竞合理念的提出,越来越多的企业走进茅台,观察茅台,学习茅台,想要成为下一个茅台。人人都想学习茅台、超越茅台,但是人人都学不会茅台。在一定程度上来说,茅台的成功经验是不可复制的。

白酒企业胜利的关键在于品牌,而塑造品牌需要时间和资源。百年老店之所以珍贵,是因为经过了时间的检验。时间是茅台品牌价值最坚固的护城河。要想成为下一个茅台,更需要时间的积累。此外,茅台数十年如一日地专注于品牌塑造,红色文化、外交文化等历史文化资源奠定了茅台的品牌优势,而对这些资源的持续挖掘和不断丰富,又使茅台的品牌力长盛不衰。

茅台的品牌价值不可复制,但其影响力却能放大到整个行业。作为行业标杆企业,茅台提出竞合理念,促使行业健康发展、抱团发展,结成命运共同体,这不但使其赢得了同行的认可,也使茅台的品牌价值持续扩大。

生态伙伴:有情有益

衡量一个品牌的价值,不应该只看它向内吸收了什么,还应该看它向外创造了什么。茅台的品牌价值,在对社会责任的积极承担中得到了释放。

茅台建立高粱种植基地,让种植基地几十万农户的荷包更鼓了。如果问当地农民"为什么要种酿茅台的红缨子高粱",他们会掰着手指头细数原因:"种子不要钱,都是茅台酒厂那边提供的;肥料也不用买,酒厂有生态肥料;种植的时候,还有人(技术指导员)来指导;高粱熟了就有人来收,不会卖不出去;收购价格还很高,五块六一斤,比玉米价格高多了,一年种几千斤,就是几万块钱……"

茅台高价收购红缨子高粱,行业皆知。这不仅能长效带动农民增收,更能强劲地促进地方的经济发展。整个茅台镇,乃至于仁怀,发展到今天,都离不开茅台的一份力。茅台不仅带来了基础设施的完善、经济水平的提升,还带来了无数商业机会。所以茅台周边的人对茅台品牌的心态都是自觉维护的。他们夸赞茅台,是因为茅台给他们带来了切实的利益、好处。

每年为茅台种植高粱、小麦的农民有几十万人;茅台酒包装材料的生产者也不下十万人,算上下游的经销商队伍,茅台带动了上下游近百万人的就业,为社会发展贡献了长足动力。这也是茅台品牌美誉度的来源之一。

上下游生态伙伴,既是茅台品牌价值的分享者,也是茅台品牌价值的塑造者。经销商就是打造茅台品牌的核心力量之一。基于平等互利、共创互赢的合作关系,经销商和茅台同心、同向、同行,按章办事、积极作为,维护茅台的品牌形象。而且很少有其他酒企的经销商,能像茅台的经销商一样对所代理的品牌有如此高的认同度,以至于自发地围绕品牌做文化建设。

在一位销售茅台酒近20年的老经销商的眼里,茅台对其有"情"有"益":"我跟全国的名酒公司都打过交道,茅台在处理跟国家、供应商、经销商、消费者、投资者、员工的关系上都是做得最好的。特别是跟经销商的关系,无论市场好坏,茅台都一如既往。经销商挣钱的时候,茅台从来没有眼红过,没有跟经销商提价,始终考虑着经销商的利益。"

从构建行业生态到建设产业链条的商业文明,茅台团结着一切可以团结的力量。正因如此,茅台拥有了许多朋友,获得了大家的夸赞。

资本:多重价值的反映

茅台的品牌价值,不止体现在销售市场,也反映在资本市场。2017年,曾有投资人表示,放眼全球,极少有企业能够掌控整个行业的产品定价权,极少有企业的库存会随着时间流逝而升值,极少有企业的产品不可复制、不可模仿,而茅台做到了,它连续16年为投资人创造着丰厚的回报。从上市之初的31.39元的发行价到2021年底超过1 500元的发行价,资本市场的表现是茅台品牌价值的最佳证明。

销售市场的一瓶难求和资本市场的巨大回报率,都是茅台品牌价值的强力支撑。资本市场的成绩,加深了外界对茅台品牌的认同。一定程度上来说,企业市值越高,人们对于品牌的认可度就越高;反过来,对于品牌的认同,又会持续助推资本市场的发展，这两者是相辅相成的关系。资本市场和消费市场相互促进，推动品牌价值增长，实现了良性循环。

茅台品牌价值的背后，实际上是消费者、行业、生态伙伴、资本市场等各方对茅台的认知和评价，他们让"价值"二字更加具象化。来自外界的正向反馈聚合为一种强大的力量，推动茅台品牌价值持续增长，这种力量叫作美誉力。

茅台美誉力价值体系

何为美誉力？

首先，从"美誉"含义切入。"美誉"一词原本与"品牌三度"相关，即知名度、美誉度、忠诚度。这三度在传播中具有依次递进、层层深入的关系。品牌通过扩大知名度让更多的消费者知晓产品，进而塑造优质的品牌形象，提升美誉度；最终，让消费者重复购买，培养品牌忠诚度。其中，美誉度是指公众给予品牌的信任、好感、接纳和欢迎的程度，与忠诚度呈正相关。

其次，从"力"的含义出发，美誉产生的作用被称为美誉力，这是一种抽象的巨大力量，也代表企业的一种核心竞争力。这种力量对企业生产、经营、战略、管理、品牌、市场等各方面产生影响，推动企业发展，帮助企业在市场中获得有利地位。

对茅台美誉力进行研究，是要探究茅台的美誉力如何形成、有何表现，又发挥了怎样的效能与作用。考拉看看头部企业研究中心将茅台美誉力的价值体系总结为五重维度、四种属性、三大效能。

五重维度

茅台通过在产品、行业、文化、社会责任和品牌五重维度建立优势，收获来自外界的正向反馈，构建企业的美誉力价值体系。这五重维度既是茅台的发力方向，也是茅台对外沟通连接、获得美誉评价的渠道。

产品是茅台与外界连接最直接的端口，是茅台美誉力价值体系的根本。产品的优劣直接影响受众对整个企业的价值判定，茅台深谙这一逻辑。从工艺的传承、创新到工匠体系的建立，从原料检测到轮次酒分型定级，从微生物研究到新品勾兑研发，茅台始终坚持高质量发展理念，质量根基绝不动摇。

茅台的行业形象及其对行业的影响，是美誉力价值体系的另一维度。企业并非独立生存，而是与行业共同成长。茅台始终精攻主业，并在酒产品领域稳居第一，成为行业中其他企业学习的典范。引领白酒行业有序健康发展，掀起"酱酒热"，则体现出茅台的远见卓识。作为头部企业，率先号召同行开启"兄弟竞合"，则是其格局的表现。

文化是茅台美誉力价值体系的精神内核。茅台在发展历程

中形成的酱酒文化、红色文化、外交文化、中国白酒文化等，都包蕴在茅台美誉力的价值体系内。在传播优秀文化的同时，茅台本身也孕育了丰富的文化内涵，成为文化现象。

社会责任是茅台品性和担当的体现，让茅台美誉力价值更加充实。茅台保护赤水河，建设茅台医院、茅台机场、茅台学院等社会配套设施，资助学生和社会弱势群体，助力国家脱贫攻坚，都是在履行民族企业应尽的义务。责任的履行让企业有了"人"的精神气节，展现出大格局、大胸怀。拥有社会责任之基的茅台美誉力，将更加稳固和强大。

品牌是茅台美誉力价值的综合体现。集合产品、文化、生态、社会责任等各方优势于一体的茅台拥有"白酒行业头把交椅""酱香型白酒的集大成之作""赤水河流域保护者""世界烈酒的中国面孔""绝对质量""超强市值"等多重标签，种种评价构筑起茅台坚不可摧的品牌护城河。

四种属性

四种属性是茅台在消费者心中塑造的独特形象，以立体化方式呈现。这四种属性从不同维度出发，按照消费者认知习惯层层递进，呈现出由浅及深的逻辑关系，分别是：高品质、多价值、正向符号和风范。

第一种属性是"高品质"，这是茅台的第一形象。从生产、工艺、管理、服务等多维度，茅台塑造了高品质形象，并且深入人心。人们提及茅台，大多会谈到"好酒""好喝""不口干、不上头"等关于品质的评价。随着时间的推移，这一属性便成为茅台的灵魂烙印。

第二种属性是"多价值"。茅台为消费者提供多价值满足，获得了市场认可和信任，继而塑造了自身的价值形象。茅台的多价值属性分为三个层次：功能价值、情感价值、资产价值。其中，功能价值源于茅台酒本身对人体机能产生的作用；情感价值源于茅台厚重的历史文化底蕴；资产价值源于其稀缺性和不可复制性，主要表现为资本价值和收藏价值。

第三种属性是"正向符号"。符号本身就是凝聚多种含义的标识，其背后反映了人的主观认知。茅台不断构筑多种正向符号：工匠精神、历史见证、中国名片和坚守经营等。这些符号传递出的正面意义和积极精神让茅台的形象更加丰富饱满，成为中国好酱酒、中国好企业、行业好领袖的代表。

第四种属性是"风范"。在践行社会责任、行业责任的过程中，茅台形成了独有的大国企业风范。企业是社会的细胞，为社会更好地发展而努力是企业不可推卸的责任。积极纳税、献力经济建设、助力乡村振兴，体现了茅台对社会责任的承担。在行业中，茅台则带动了酱香酒品类的发展壮大，为中国白酒事业贡献了力量。

三大效能

三大效能是茅台美誉力的具体作用,包括传播效能、发展效能和堤坝效能。

其一,美誉力提高了茅台的知名度,使其传播、影响的范围更广,茅台享誉全球的背后就是美誉力的推动。另外,茅台美誉力的传播效能还带动了贵州省、仁怀市、茅台镇等地的地域文化传播,并推动中国白酒文化走向世界。

其二,发展效能是指美誉力作用于企业产品、品牌、经营、文化等的全方位推动力。其主要表现在四个方面:第一,助力企业经营发展;第二,实现未来可持续发展;第三,推动行业健康发展;第四,凝聚员工、上下游生态伙伴等生态力量,促进企业发展。

其三,堤坝效能则是美誉力构建的护城河。即使在艰难时刻,茅台也没有被市场抛弃,地位始终牢固,原因就在于得到了消费者、员工、生态伙伴等各方的支持、信任。他们相信茅台,愿意与茅台共克时艰、迎接挑战、攀登高峰。在发展过程中,茅台经历过市场风波、行业转型调整等,都因有美誉力这条护城河而平稳渡过。

茅台美誉力的历史演进

茅台的美誉力并非一日而成,而是逐渐形成并巩固的,有着清晰的演进历程。从茅台荣获巴拿马万国博览会金奖、成为国宴指定白酒、塑造市场"茅台特质"伊始,到2001年茅台在上海证券交易所挂牌上市、营业收入逐渐成为行业第一,以及远眺海外、借助"一带一路"的东风推动文化出海,茅台的品牌文化不断层层演进、积累升华,最终形成独具特色且不可复刻的企业美誉力。从企业到行业,从中国到全球,茅台美誉力一直在变化和进阶。

夺金奖,扬国运

茅台酒在巴拿马万国博览会上"怒掷酒瓶振国威,香惊四座夺金奖",是建立茅台企业美誉力的首个里程碑式事件。

1913年,中国决定参加巴拿马万国博览会,并成立了专门的"筹备巴拿马赛会事务局",前往全国各地寻找能代表中国参加这一国际赛事的产品。据屠坤华的《万国博览会游记》记载,有数十万件展品入选,展品从上海运抵美国旧金山。经贵州省举荐,茅台酒作为地方代表产品赴赛参展,成为展品之一。

1915年2月20日,巴拿马万国博览会正式开幕,第一天就有20余万人前往参观,成为当时全球瞩目的焦点事件。而中国参展团队因路途遥远,抵达较晚。直到1915年3月9日,中国馆才正式开幕,整体风格按照中国传统宫廷建筑风格进行修筑。馆中共有9个展区,分别为农业馆、工艺馆、教育馆、文艺馆、美术馆、交通馆、矿物馆、食品馆、园艺馆。

在展览中,茅台酒因简陋的"鼓腹"深褐色陶坛包装,与棉、麻、大豆等产品一起,被堆置、陈列在农业馆当中,未能引起人们注意。眼看博览会接近尾声,中国代表团提议将茅台酒移入食品馆,便于突出其展览位置。

在搬运茅台酒时,一位代表不慎失手,一瓶茅台酒从展架上掉下来摔碎了(此即后来传为佳话的"怒掷酒瓶振国威,香惊四座夺金奖"故事来源)。一瞬间,茅台酒香四散在展馆中。中国赴赛监督官员当即决定无须换馆陈列,只需将茅台酒分装于数个空酒瓶当中,并敲开瓶口挥洒酒香,再在旁配上几只酒杯供人品评,便足以发挥茅台酒之所长。㊀

果不其然,浓郁的茅台酒香像摄人心魄的"引客幡",原先

㊀ 摘自贵州茅台集团《茅台酒荣获1915年巴拿马金奖始末》。

寥寥数人的农业馆，逐渐挤满了寻香来客。茅台酒展台附近，人们争相倒酒品尝，嘴里不时发出的"啧啧"声，昭示着茅台酒的佳妙品质。茅台酒凭借"惊人一掷"，以酒香为媒，在众多展品当中成功拔得头筹，不仅一举夺得博览会金奖，还成为一众获奖名酒当中唯一享有"世界名酒"官方美誉的获奖名酒。

1915年，茅台酒获巴拿马万国博览会金奖奖章

首获博览会金奖，不仅是茅台走出黔地河谷，步入世界市场的首次尝试，也是茅台名震中外，在全国乃至全世界建立企业美誉力的起点。

茅台酒此前作为地道的黔地土产，始终"闷声不响"，而巴拿马万国博览会上的一鸣惊人，让茅台光彩地闪耀世界，也在时局动荡、外敌环伺的社会大环境下，给民族和同胞打了一剂"强心针"。在1915年的《申报》上，除了通篇的政事报道，还有共计十五篇关于巴拿马博览会开幕情况、中国展品情况和外国展品情况的深度报道，《申报》还在第二年闭幕后报道了中国

的获奖情况，提振了国人的自信心。[一]也正因此，在茅台荣获金奖的后世佳话中，有着"振国威"的豪迈形容，这也使得茅台在1915年荣获金奖的意义超越了其本身的商业价值，有着鲜明的国家及民族色彩。

与国家情怀紧密相连、同向共生，成为茅台发展过程中的禀赋。

1949年10月1日，伴随着天安门传来的"中华人民共和国，中央人民政府，今天成立了！"的呼声，中国开启了崭新的发展纪元。茅台酒凭借其卓越的产品质量，被指定为国宴饮用白酒，出现在开国大典的晚宴之中。

在日内瓦会议、中美建交、中日建交等历史性外交事务中，茅台酒成为见证"坚冰融化"的特殊媒介。茅台之所以成为中外友谊交流和国家日渐繁荣的具象标志，是因为其卓绝商品品质背后的高质量理念与"稳而行健，可堪大任"的民族精神高度契合。这样的民族情怀与其向外延展的企业美誉力之间，形成一种螺旋上升式的模式，产生相互赋能的作用。换言之，茅台美誉力形成之初就连接着浓重的国家及民族情怀。巴拿马"怒掷酒瓶振国威"事件，将茅台酒这一黔地土产的影响力扩大至全国乃至世界。而中华人民共和国成立后的外贸流通代表地位和国宴产品酒的地位，则更加体现了茅台自身的产品质量与其美誉度之间所

[一] 沈秋婷. 试论《申报》对1915年巴拿马太平洋万国博览会的报道 [J]. 传播力研究, 2019, 3（16）: 77-79, 86.

呈现出的高度适配性。

市场美誉力扩张

二十世纪八九十年代，茅台步入市场化的一系列布局策略，为其后续的"聚合式"美誉效能作用爆发埋下伏笔。也正是茅台独具风格的市场策略和宣传模式，以及浓重的企业风格色彩，使得茅台美誉力演进模式更加稳健、长远和难以复刻。

自"三茅合一"[一]建厂以来，茅台始终按照统一的国家计划进行增产创收。随着改革开放的深入，国家逐步放松对白酒行业的管控，市场经济之下，行业进入百舸争流的空前繁盛时期。身处局中的白酒企业使出浑身解数，力争在广袤的市场中占得一席之地，获得更大的市场话语权。

当时，较为主流的市场拓展方式主要有两种，一是以五粮液为代表的业务多元化市场扩张战略，二是以秦池酒和孔府家酒为代表的广告轰炸式宣传营销战略。面对声势愈发猛烈的市场化狂潮，是猛烈进攻，还是静观其变，成为市场浪头翻滚扑打来之前茅台亟待做出的抉择。

事实证明，沉稳不沉闷，坚守原则但不墨守成规是镌刻在

[一] 1951—1953年，由政府牵头把仁怀镇三家最大的烧酒作坊：成义烧房（华茅）、荣和烧房（王茅）、恒兴烧房（赖茅）合并为一家，叫作国营茅台酒厂。

茅台基因中的品性特质。它选择站在市场拓展的两种主流方式之间，采用兼收并蓄之道，以发展白酒主业为基调，同时再度深挖、拓展市场阵营。一方面，在强化飞天茅台等产品优势的前提下，依据不同的应用场景，开发具有文化衍生意义的"大事件"茅台酒；另一方面，按照受众的不同口味偏好，开发茅台啤酒、茅台威士忌、茅台干红等宽受众的产品品类，并逐渐推出不同度数、不同容量规格和不同尘封年份的茅台酒等，借此对市场进行深度细分，形成精准适宜、有的放矢的产品投放结构，使得自身固有优势更优、更强。

而在品牌文化宣传策略上，茅台选择在传播范围最广的央视一套《新闻联播》黄金档时段，冠名不具备显著商业性目的的整点时间播报，只简明地显示企业LOGO和名称，形成了茅台特有的宣传风格。依靠这种剑走偏锋的方式，茅台完成了长达数十年的企业美誉力塑造。此外，茅台的文化宣传工作还更多地偏重于更具传播价值和深度内容剖析的著书、电影、纪录片制作，以及各大头部媒体、时政盛会的IP合作，形成持续、长期的企业美誉力效应，逐步提升公众对茅台的熟悉度、认可度和信任度，在潜移默化中不断增强茅台品牌的受众参与度和用户黏性。

同时，茅台开始进一步开辟白酒市场，拥抱大众消费群体，下沉销售端，扩大美誉力影响范围。在固守本位的基础上，茅台推陈出新，派遣企业内部的精尖骨干，组成一支专业的营销队伍，一头扎进全国各地的一线销售市场，快速架设起一套信誉优良、实力强劲的茅台经销商营销队伍体系，在不断进行市场磨合的过程中，适时调整具体营销策略，不断拉近茅台与消费者之间的距离，提高在大众市场的品牌美誉度。

2001年，伴随着茅台酒万吨工程的启幕动工，以及"地域产品保护"资格获得官方认证，茅台集团完成全面改制后，贵州茅台酒股份有限公司于同年7月在上海证券交易所鸣锣上市。这意味着茅台已经完成了从工厂制向公司制，再向股份制的转变，成为完全进入市场经济的股份制公司。

从美誉力的角度分析，茅台的上市，意味着企业将与各大小股东在常规的商业交易之外产生更为深层和紧密的联结。随着资本对茅台的关注度和认可度不断提升，茅台的美誉度也持续增加。除此之外，茅台上市后获得的媒体关注度和曝光度也呈指数级增长。至此，茅台在消费者市场和资本市场奠定了美誉基础，并在之后的时间里不断积累，形成巨大效能。

美誉力绽放全球

2012年，白酒行业迎来寒冬，茅台选择坚持挺价，最终在与五粮液的多年行业巅峰企业"僵持赛"中，营收全面超越五粮液，成为白酒新龙头。至此，"茅台时代"到来的端倪已经显现。但是2013—2015年白酒产业深度调整，发展热潮被浇熄了大半，一直处于低迷状态。直至2016年，以茅台为首的中高端白酒区间酒企才复苏回暖，茅台作为白酒行业"领头羊"的效

益才真正显现。同时，多年积累的茅台美誉力呈井喷式爆发。一场愈演愈烈的酱香热潮，以茅台为中心迅速展开，白酒行业香型更迭，齿轮再度加速运转。

而这时期的茅台，正经历着新一轮美誉力进阶。此时的茅台美誉力已经不仅仅局限于企业单一地向外输送品牌价值和企业理念，而是以自身为基准，形成了一套业内默认的"茅台标准"，其产品质量、市场营销、战略体系结构等诸多方面的体系建设，成为业内企业的参照标准，为追随者们提供参考。这也恰恰从侧面印证了茅台美誉力对行业影响之大。

在茅台蓄力开启白酒行业新纪元的同时，沿循国家"一带一路"倡议的国际美誉力塑造也在同步进行。在荣获巴拿马万国博览会金奖的百年纪念之际，茅台跟随着国家"一带一路"倡议的铺设路径，在世界各地举办企业品牌文化推介活动。一年时间，茅台品牌文化的宣传推介之路就遍及世界多个国家和地区。截至2019年，茅台已经在全球67个国家和地区架设了茅台海外销售渠道网络和配套设施，进行了品牌文化的宣传推介。伴随着茅台世界市场拓展项目的深入，茅台的美誉力发展将在国际化道路上再谱新篇。

如同百年前巴拿马的"一掷惊天下"，新时代的茅台正努力在世界烈酒市场展现东方风采，让企业美誉力在国际舞台绽放。站在相似的节点上，茅台怀抱赤子之心，为中国酒文化融入世界酒文化集群并成为强势一脉而不懈努力。

02

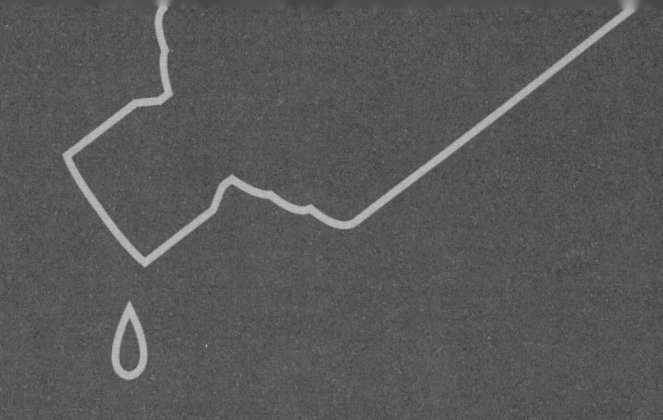

高品质的
强烙印

高品质是茅台美誉力的核心。茅台的高品质形象如何形成，是本章要探讨的问题。

　　从时空维度看，茅台的高品质离不开15.03平方公里的原产地域，也离不开至少5年的酿造、窖藏。从独特工艺看，酿造一瓶茅台酒需要经过共30道工序、165个工艺环节，其中包括2次投料、9次蒸煮、8次发酵、7次取酒等。从技术角度看，茅台的高品质还来自科技对传统酿造业的赋能。每一个细节，都是高品质的源泉。

品质的时空观

饮一杯茅台酒是什么体验？

解开印着"中国贵州茅台酒"的红丝带，缓缓倒出醇正的茅台酒，刹那间，浓郁的酒香扑鼻而来，直至弥漫整个房间。酱香突出，是人们对茅台酒的第一感受。

当一口茅台酒进入口腔时，醇厚的酱香在舌尖瞬时炸开，稍纵即逝之后，是挥之不去的酒香味。喝下一口茅台酒之后，倍感顺滑之余还留有余香，这是茅台香味的幽雅细腻。这些存在于余味中的物质，源于酯类、醇类等化合物，它们易挥发、沸点低，经过口腔的加温，香味得以挥发。

随着酒体过喉，进入胃中，一条酒线被勾勒出来。强烈的口感，化作沁人心脾且悠长的余味和胸中的温暖，同时在舌根留下醇和厚重的好味道。茅台酒的酒体厚重，入喉没有刺激的感觉，并且回味悠长，即使是装过酒的酒杯也能存留酒香，挥

之不去。

在这短短的几秒内，茅台酒展现出了巨大的能量，其中蕴藏着属于茅台酒独有的时空。这时间和空间的交融，折射出贵州山河的模样，折射出当地人的性情，折射出历史的变迁。

从时间来讲，茅台酒是两种时间的叠加，一是酿造时间，二是茅台在历史中的时光积淀。从空间来讲，茅台酒的高品质在于酿造中人与风物的融合。风物来自茅台酒独有的精准空间范围，即15.03平方公里，这个特定的区域有着其他地方难以复制的环境条件，茅台酒的品质就在这样的时空交融中得以形成。在不变的空间中，时间不断凝结积累，酿成美酒。

这独一无二的融合是对茅台酒高品质的诠释。也正是历史的厚重和空间的相互交融，让这高品质的好味道成为留在人们心中的深深的烙印。

两种时间的叠加

每一瓶茅台酒都拥有历史时间和制作时间。

第一种时间观念来自茅台酒悠久的历史渊源。茅台酒可考的历史记载可以追溯到两千年前。此后，茅台酒经历着朝代更替、江山易主的波澜岁月，但始终不改的是因其醇厚的酒香而广传的盛名。

随着岁月更迭，追求茅台酒美味的食客酒徒络绎不绝，有人写诗写文称赞，也留下很多名人故事。这些历史的印记对茅台酒来说无比宝贵，是高品质的证明，充分证明了它是受到时间检验的中华美酒。

基于历史时间，茅台酒拥有了丰厚的底蕴，而一年的酿造和四年的窖藏，是每一瓶茅台酒专属的五年，它的制作时间是对高品质最好的保证。

第二种时间观念，为茅台酒赋予了一种独有的长度测算方式。人类习惯以星球自转和昼夜交替计量时间，但植物、山河、星辰的时间和人类并不相通。一瓶茅台酒的时间应该以它的工艺酿造周期和环境时间轮替来衡量。这样的时间观给茅台带来了复利。

酒应该有属于自己的生命周期和计量时间，从粮食种植到发酵酿造，酒有属于自己的季节。高品质的苏格兰威士忌需要考量其蒸馏方式、贮藏年份。一般窖藏十五年到二十年的威士忌风味最佳，能最大限度地展现出苏格兰的风土人情所赋予这瓶酒的生命力。

那一瓶茅台酒的时间，又是怎样的？它的起点在哪里？

端午前后，赤水河上游迎来新一轮雨季，大雨冲刷泥土一同流入河道，赤水河开始奔腾翻流，河水呈现赤红色。

对于处在河谷的茅台镇来说，这是来自大自然的时间信号,也是茅台酒酿造的起点。

茅台的踩曲工接下来要迎来这一年中最忙碌的四个月。微生物在此时最为活跃,闷热潮湿的天气是其最好的孕育条件。踩曲工要抓住一年中空气里微生物数量最多且最活跃的黄金时期,制作出酱香最浓郁的大曲。

农历七月之后,大片红缨子高粱低垂成熟,颗粒饱满。在丰收之后,这些高粱只待合适的时机,与大曲相遇。

重阳佳节之际登高远眺,赤水河从红色变为清澈的碧绿色,一路蜿蜒滚滚向东,茅台将迎来一年中最重要的祭酒大典。就这样,经过时光淘洗的大曲、红缨子高粱、赤水河水在此时相遇。金风玉露一相逢,茅台酒香醇厚重的旅程从此刻开启。第二阶段的生长以下沙作为起点,一切工作便从取水润粮开始了。

接下来多达八次、历时九个月的发酵是一次见证微生物魔力的过程。这期间包含两种发酵方式——开放式发酵、封闭式发酵,也称为阴阳发酵,负阴抱阳、浑然天成的智慧得以淋漓尽致地展现。

酒堆和窖池中庞大的微生物群落接连出场,风味在此如同烟花一般轮番绽放。

窗外日夜轮转,秋风将尽。来自西伯利亚的寒流被秦岭阻挡,湿冷的季风在仁怀市区盘旋,而处在河谷地带的茅台镇在晴雨参半的冬季，多留一份余温。这是一年中酿酒师最担心的时刻，气温的下降不利于酒醅的发酵，相比夏、秋两季，此时的微生物活动不再剧烈，而是温柔、缓慢地酝酿最后的美味。此时，对发酵过程中温度的把握需要酿酒师们经年积累的经验。

经过长时间的高温历练，水、高粱和大曲之间发生了奇妙的反应。而七次蒸馏取酒，则是这场微生物魔力创造的香醇浓郁的最好见证。蒸馏制取技术加上独特的高温接酒工艺，让酒体中的有害物质挥发殆尽。经过七次蒸馏出来的酒分别装入陶坛等待入库，经历过水火历练的新酒，味道辛辣呛喉，还需要时间创造下一个奇迹。

星辰斗转之间，五年悄然而过。窖藏陈酿，让曾经蓬勃坚烈的酒体变得亲和，香味的稳定、口感的醇厚是经过窖藏后茅台酒老熟的表现。

经历四年窖藏，这些陶坛中的酒要完成最后一个奇妙的旅程——勾兑。茅台酒的勾兑师需要用100多种不同年份、不同风格的基酒勾兑出标准统一、香味一致的茅台酒。而这项工作只能靠勾兑师微妙的感官体验来完成。这对勾兑师的嗅觉、味觉要求极高，所以勾兑师在日常生活中，要对很多东西敬而远之，以免刺激的物质损伤嗅觉和味觉。

在不断调和与勾兑中，口味平衡又富有层次的茅台酒才算功德圆满，正式问世。

一瓶茅台酒需要经历30道工序、165个工艺环节。制曲不过是第一阶段的历练，还需要反复蒸馏、发酵，再到窖藏。从鲜活蓬勃到沉稳醇厚，在这缓缓酝酿的过程中蕴藏着的是时间的智慧，这是属于茅台的智慧。

仅以年份去认识一瓶茅台酒是远远不够的，站在独有的时空视角，了解时气节点、工艺周期，才是读懂一瓶茅台酒奥义的关键。

地域唯一性

《晏子春秋》里曾说过，"橘生淮南则为橘，生于淮北则为枳"，地理环境决定了事物的风味。对茅台酒来说，它独特的风味里，也蕴含着空间这一影响因素。一花一世界，古代的禅学大师能从微小的事物中洞察世界的变迁。就茅台酒而言，只要稍下功夫你就能从中领略茅台镇的山水风光和人文风情，这是茅台酒独特地域性的最直接体现。从更高的角度来看，茅台酒中藏着贵州人的性格、贵州的山水，以及黔酒的独特工艺，这是对地域唯一性的最好诠释。

首先是人的性格。黔，是贵州的简称，"春云蒸赤水，秋雨瘴青山"说的便是这里。贵州位于中国西南内陆群山之中，冬暖夏热，雨水充沛，长江支流贯穿全省，这里的先民在峰峦叠嶂的绿意中开垦出一片田地。

茅台镇，位于赤水河中段，整个小镇依山而建。河流的水汽笼罩着小镇，似乎让空气流通都变得缓慢了起来。到了酿酒旺季，整个小镇弥漫着酒糟的香气。有人曾说，茅台镇就是一口巨大的酒坛，酝酿着贵州的美酒，也酝酿着贵州人的性格，让这里的一切带有浓郁的地域特色。

从人们的日常口味偏好就能看出当地美酒的特点，也能看出当地人的性格。贵州人将对辣的烹饪发挥到了极致，糟辣椒和煳辣椒的味道是他们缺油少盐的艰苦岁月中必不可少的陪伴，展现出他们乐观向上、仗义耿直的性格。辣是感官刺激的典型，而这种感官刺激的来源不仅有辣椒，还有酒。

黔酒注重粮食品种、酒体层次，其幽雅醇厚的风味体现出精工制造的平和心态。不急于求成和耐心坚守是贵州人在这片土地上开垦播种时形成的美德，这也让黔酒承袭了贵州人吃苦耐劳的性格，沉寂于时间中，等待着美好发生。

茅台酒是黔酒中重要的香味代表，香味复合浓郁。其中，粮食的焦香和醇厚的酒香热情地包裹着人们的舌头，恰如贵州人耿直仗义的性格。而在多民族融合的背景下，这种性格中有了更值得让人揣摩的味道。粮食香气中带着的酸咸独特气味，如同少数民族文化和汉族文化的巧妙融合，刺激与平和取得平衡，蕴藏在茅台酒的酒香中。

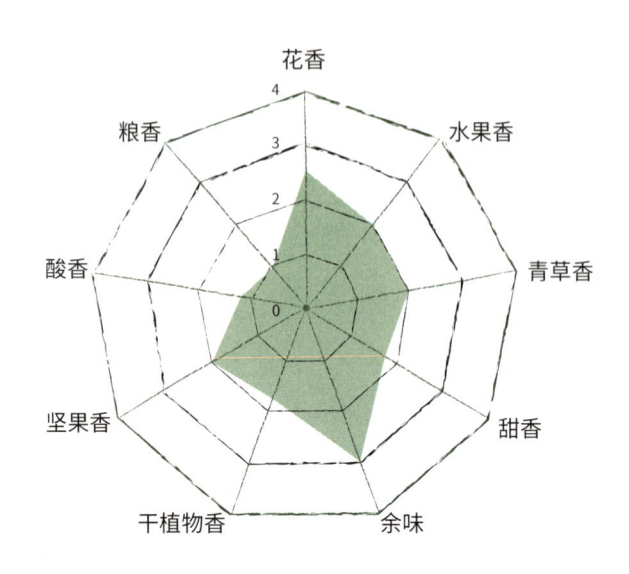

茅台酒的香气轮廓

无法复制的茅台酒香气，就像贵州人的脾气，是黔地特有的风味。其次，茅台酒带来的独特味觉体验，入喉之时如同感官体验到贵州的山河。打开酒坛，酒香四溢，瞬间沁人心脾，千头万绪的感官情绪汇集，这杯中的香气便是藏纳万物的开篇。闻罢香气，举起酒杯，细品一口，从舌尖到入喉，千种酒遇千种人，体验的多样化层出不穷。仔细品，能在酒中感受到山河大川。

正是独特的地理条件酿造了独特的茅台酒。贵州地处中国西南高原山地，全省多山，自古便有贵州"八山一水一分田"的说法。在山地和河流的作用下，贵州拥有了独特的地形地貌，才能打造出黔酒的风味。茅台镇地处河谷，从遵义到茅台镇大概需要一个半小时的车程，一路在山间穿梭行驶，窗外的青山匆匆而过。这里没有西北的地势险峻，群山并不陡峭，在蜿蜒之间带着当地独有的清峻。

茅台酒的酱香风味便依托于当地的河谷地势和气候特征。

贵州地处云贵高原，属于典型的喀斯特地貌，境内多山地和丘陵。受亚热带湿润季风影响，境内常年高温、潮湿，气温变化小。而境内整体地势呈现出西高东低，自中部向东、南、北倾斜的特点，犹如一个天然的窖酒池。这样的地势与气候，为酱香酒的酿造提供了优越的地理条件。茅台酒需要高温发酵、蒸酒上甑，河谷地区闷热潮湿的夏季和多雨湿润的秋季让微生物的运动更加剧烈，而群山又阻挡气流，空气流通变得缓慢，从而让剧烈的变化持续更久，让酒体更加厚重。

同时，在湿润的河谷地带，还孕育着1 000多种酿酒微生物[一]，茅台酒的酿造过程离不开这些微生物的作用。如今，茅台已经在酿酒微生物的研究上深耕多年，其从生物学角度更加科学、精确地研究这些菌群。已经明确的是，这些菌群依赖茅台当地的环境、气候，也成为这片土地独一无二的标志。

再次是不可复制的水资源。在茅台酒核心产区内有一种特殊的紫色砂页岩地质结构，具有土质松软、间隙大的特性，

[一] 张亚丽.贵州省仁怀地区茅台空气微生物的鉴定与分析[D].北京：北京化工大学，2014.

渗透性极强，覆盖在赤水河两岸，被称为红层。在贵州独特的地理环境中，无论地下水还是地表水，在经过红层的层层过滤后，带着红层中溶解出来的有益矿物质，都将变为清澈、甘甜的赤水河水，为茅台酒的酿造提供了极为优质的水源。

独特的贵州高粱也是茅台酒不可复制的原因之一。茅台酱香酒的香型和口味的独特，不仅在于酿造工艺的区别，更在于酿酒原料的不同。

当地所产的红缨子高粱是贵州地区特产，和东北及其他地区的高粱不同。它主要的特点是颗粒饱满、粒小皮厚，淀粉和单宁含量都比其他高粱要高。从成分上来说，红缨子高粱更利于发酵，能够产生更多的香味物质。而且其粒小皮厚的特点更适宜茅台酿酒工艺中的高温蒸煮、多次翻拌的工序。这也是茅台酒味醇厚的原因之一。

茅台酒中的浓烈醇厚，代表赤水河的湍流不息及群山起伏的绵延不绝。以地域特色品评酒的风味并非空穴来风，对产区的重视在西方品酒体系中也很常见。和茅台酒同为世界三大蒸馏酒之一的威士忌就是注重产区的重要代表。高品质的苏格兰威士忌需要做到口感圆润浓烈，香气馥郁醇厚，保留正宗的麦芽和烟熏气味。崎岖的山峦、星罗棋布的湖泊，以及巨石覆盖的原野是斯佩塞的独特之处，山河是大自然的馈赠，而这份独特的礼物酝酿出了不可复制的风味。

有人将追溯美酒产区的旅途比喻为一次朝圣之旅，这不仅是在探寻好味道的发源地，更是切身体验世间风物、山川河流在一杯酒中融合的奇妙旅途。

最后，茅台酒在历史传承中形成的独特口感来自当地的人文情怀。

从地域文化看，茅台酒是当地风土人情的产物。贵州各民族把酒看得十分重要，这并不全是因为个人嗜好，而是当地风俗习惯的一种。古时的贵州，因为地处深山，交通不便，长期处于相对封闭的状态，所以古老的民族传统与习俗得到了较好的保护和传承。这里的人们用酒待客、用酒祭祀、以酒为聘，无论红白喜事，还是祭祀先祖，抑或是过节欢庆等场合，都有酒的身影。对于贵州人来说，酒已经成为生活中不可或缺之物，成为地域酿造出的独特人情风味。正是因为爱酒，才酿造出了美酒。

由此可见，茅台酒是多轮次酿造中集环境、人文、天时、地利与人和的风情体现。一杯茅台酒，藏着贵州人的脾气、赤水河的性格，是工匠用时间精细打磨出的好味道。

工艺的高品质

千年积淀的酒香

茅台酒厂于1951年成立,可镇上的酒香已飘荡千年。茅台酒的酿造工艺神秘而悠久,凝聚着一代又一代酿酒人的智慧,代表着农耕文明的延续,为其高品质注入历史的魅力。

茅台酒的起源比人们想象得更久远。据记载,茅台镇可追溯至古代濮部落:曾经有一个名为濮的部落,他们的住地有漫山遍野的马桑树,因此而得名"马桑湾"。马桑湾位于赤水河东岸,后来该部落在岸边砌起了一口四方井,并将世代生活的地方更名为"四方井"。濮人在此安居乐业,每当需要祭祀先祖时,他们便会在"茅草台"上开展祭祀活动。久而久之,这里就有了"茅台"之名。

西汉时,此地的农耕文明已十分发达,这里的人学会了顺应天时进行农业生产,收割的粮食在满足日常食用后还有盈余，便用于酿酒。

汉武帝时，唐蒙受命出使南越，在南越王的宴席上尝到一种滋味醇厚的枸酱酒，一打听才知这种酒来自夜郎。当时茅台正属夜郎，而居赤水河流域的茅台人善于酿造枸酱酒。于是，唐蒙不远万里带回枸酱酒给汉武帝品尝，被汉武帝称赞"甘美之"，传为佳话。

枸酱酒的酿造方式相对原始，据《蜀枸酱入番禺考》记载，将茅台当地一种俗称拐枣的乔木水果捏碎，去籽去渣后加入粮食，放入瓮中，再找来布巾和泥封口发酵，直到大部分水分从封口处渗出，拐枣汁变为浓稠、醇美的枸酱，才算大功告成。

这种简单的酿酒方式受制于当时的技术水平，他们此时只有多余的粮食与可利用的时令水果可供酿造，还没有研究出更复杂的酿酒工艺，也没有发明出用于蒸馏的器具。

唐朝时的茅台已然历经蜕变，成为贵州酒乡美誉的源头之一。据《旧唐书》《新唐书》《通典》等记载，贵州的多数地区已经拥有相对发达的农业，人们兴种五谷，又凭借天时地利让粮食实现一年两熟，酿酒业就此兴起。与此同时，酒也成了当地的婚姻媒介，"以牛酒为聘"屡见不鲜。

北宋时由于官方榷酒制度的实行，贵州酿酒业蓬勃发展，此地产出的美酒扬名在外。朱辅曾作《溪蛮丛笑》，将他在黔境的所见所闻记录在册，其中就有茅台一地所产的钩藤酒。按照他的记述，"酒以火成，不醡不篘，两缸东西以藤吸取，名钩藤

酒"，显然这种酒的制作方法已经不仅是顺应自然的发酵法，而是利用火，取得浓度更高或者有烧酒口感的佳酿。

南宋时，茅台兴起酿造老酒之风，隐约有如今的茅台酒雏形。在特定时间，选取规格合适的小麦制出酒曲，经过贮藏后与粮食拌和均匀，取酒后再入窖贮藏。

宋代科技发达，加之茶马贸易开展，茅台成了重要的交通枢纽，无数商品在这里流转，茅台的酿酒人也得以了解当时全国的酿酒行情。在这种交流中，蒸馏取酒技术被带到这里，茅台可以酿制出更为纯粹的白酒了。

到元朝，茅台被称为"茅台村"，酿酒活动已经不再是农耕的配角。酒的产量大幅度提高，规模增大，生产趋于商品化，并逐渐有了正规的酿酒作坊。此时，茅台人已熟练掌握了蒸馏取酒技术，这里所酿制的烧酒经播州军民宣抚使杨汉英上供给朝廷，深得忽必烈的欢心。

明朝时的茅台因为建有万寿宫，又为了方便香客进出而修建了半边桥，所以改称"半边桥"。后来赤水河沿岸建起几座大庙，因为其中三座各收藏一面东汉铜鼓，又名"云鼓镇"。

云鼓镇延续着酿酒传统，人们将多余的粮食用于酿酒，再将经过蒸馏的白酒销往各地。此时的酿造工艺秉承一次取酒原则，充分发酵的粮食取酒之后就被视为酒糟，弃之不用。万历年间一场战事改变了茅台酒的酿造工艺。由于战争严重破坏了当地的农业生产，百姓没有太多的粮食卖给酒坊用于酿酒，于是酿酒人只能想其他办法。经过几次实验，茅台酒独特的回沙工艺诞生了。酿酒人将已经取酒完毕的酒糟重新收集，加入一些尾酒和酒曲继续发酵，取酒后重复这一操作，直到没有酒味为止。基于这种迫于形势的应急办法，酿酒人从中发现了一个秘密：茅台的高粱要足足取酒七次才会失去价值，且每轮次的酒都各有风味。

这一回沙工艺历经数代，经多次改良后于清朝初年逐渐定型，而利用这一工艺制出的茅春、茅台烧春与回沙茅台后来居上，成了西南酒市场上的佼佼者。加入回沙工艺的茅台酒酿造流程已经与后世相差不大，端午制曲、重阳下沙、造沙、回沙等环节已然固定下来。乾隆时期，赤水河被疏通，茅台成为川盐入黔的四大口岸之一。商贾来此交易，又将这里的酒运往外地。茅台酒"黔省第一"的名号从此打响，诗人曾发出"酒冠黔人国，盐登赤虺河"的赞叹。

千年来，茅台酒虽历经风雨却持续酿造，但在咸丰年间一度因战乱而中断生产。黔北的农民起义军与朝廷官兵激战，作为交战地的茅台镇损失惨重，百姓流离失所，酿酒的烧房毁于一旦，昔日的繁华景象统统化为云烟。

好在茅台酒的忠实"粉丝"——大盐商永隆裕盐号老板华联辉的祖母对其念念不忘。孝顺的华联辉立即派人前往茅台镇，当他发现当地酒坊已经荒芜时，迅速做出了重组酿酒团队、为祖母酿酒的决定。失落多年的茅台酒得以再次迎来生机。

在华联辉的带动下，茅台镇上的酿酒业再度兴起，由地主、商人开设的烧房一个接一个出现。一直到1915年，茅台酒在巴拿马万国博览会上获奖，这一小镇出产的白酒就此扬名世界。

四十年后，中华人民共和国政府通过赎买等政策实现"三茅合一"，正式建立茅台酒厂。如今，茅台酒厂已历经70多年荣光，人们只知它的品质高，却少有人知道，茅台当地的酿造历史可追溯到两千年前，茅台酒的酿造工艺也历经代代传承才有如今的模样。神秘的工艺决定了茅台酒独特的高品质，其深厚的农耕文明烙印更象征着人类文明的延续。

科学的酿造

茅台酒始终如一的高品质既源于对传统酿酒工艺的继承，又得益于采用了科学的酿造方法。

20世纪50年代，三家私营茅台酒烧房合并为茅台酒厂。此时，茅台酒生产采用传统固态法的酿造方式，遵循世代传承的古法酿酒工艺，保留着茅台酒的原始风味。

1956年8月，全国名酒会议召开，"完善和发展传统酿酒工艺"引起了广泛讨论。是年10月，贵州省工业厅和贵州省工业技术研究所组成"恢复名酒质量工作组"，在茅台酒厂展开了两个阶段的调研，并采取一系列技术改进措施，对传统茅台酒酿造工艺做出了科学总结。

此次调研对茅台酒的制曲、制酒工艺进行总结，包括发酵、煤窑、主体香味等。经过科学研究，茅台对酿酒过程中曲质和用量的把控、窖温的控制方式、新酒老熟方式等工序和技艺有了更加深刻的认识，并不断做出针对性改进。

以窖温控制方式的变化为例。在传统酿酒工艺中，每次投料前都需要用木材烧窖。这种做法一是满足茅台酒高温发酵的条件，二是将窖池中的有害物质杀死，起到杀菌的目的。

酒师们发现，木材燃烧之后会产生很多灰烬，很难彻底清扫干净，如此酿出的茅台酒会产生烟臭味，破坏了酒的质量。于是，一场酒醅保窖的实验开始了。经过实验，酒醅保窖工艺取代了传统烧窖工艺，在维持茅台酒质量的同时，也保护了生态环境。

1957年，在经过半年多的研究后，茅台酒厂将老酿酒师的宝贵经验提炼成科学性很强的《茅台酒传统工艺的十四项操作要点》（简称《十四项操作要点》），为规范生产流程奠定了坚实基础。㊀在很长一段时间内，《十四项操作要点》指导着茅台酒的生产，规范化的工艺为茅台酒质量的稳定创造了条件。

茅台人对科学酿造的追求永无止境。1979年，季克良发表

㊀ 中国贵州茅台酒厂有限责任公司.中国贵州茅台酒厂有限责任公司志[M].北京：方志出版社，2011.

《增产酱香酒的十条经验》，总结出茅台酒区别于其他名酒的十大工艺特点。

这十大工艺特点恰好可以用从一到十的十个数字概括，即一年一个生产周期，两次投料，三种典型体，四十天制曲发酵，五月端午制曲，六个月存曲，七次取酒，八次发酵，九次蒸煮、九月重阳下沙，十种工艺特点。

茅台对工艺的科学追求在曲折中不断前进。二十世纪七八十年代，茅台酒生产出现了一系列问题。当时，茅台生产的第一、第二轮次酒酸度大，生酸猛，整个生产周期前猛后衰，即前面几轮次酒的产量高，后面几轮次酒的产量低，导致二轮次产酒过多，造成库存积压。

茅台人经过总结分析发现，产酸大的原因是投料水分过多，造成淀粉糊化过头。淀粉过早消耗，破坏了轮次间出酒率的平衡。正是在这个过程中，人们认识到，茅台酒酿造中润粮是关键工艺，逐步糊化是全局观念。

20世纪80年代至90年代初，茅台酒生产出现二次酒掉排问题。当时许多班组生产一次酒时还比较正常，但生产二次酒时明显不如一次酒。为此，茅台酒厂科研所的白酒实验班组进行了针对生产过程的投料水分大小实验、碎沙程度实验、堆积温度研究、香味物质研究等，将研究结果结合各车间生产进行分析，掌握了许多生产规律，如在润粮工艺中，红粮碎度宁粗勿细，发酵宜老勿嫩，还总结出高温制曲、高温堆积、高温蒸馏等工艺操作规律。

1991年,茅台针对生产现状提出防止二次酒掉排的21项影响因素和50多项具体措施。同时,自1992年开始,茅台酒厂生产技术处对投料水分进行严格控制,大家逐步认识到工艺中水分合理的重要性。

在发展过程中,茅台先后引进了各类检测技术,如理化检测和酸、糖、水分检测等,并逐步编写和完善了茅台酒的作业指导书。茅台酒的整个生产流程基本按照作业指导书进行,在相当长的一段时间内保证了酒质的稳定。

为了更加科学地稳定质量,茅台持续引进科学方法论,如再次引进先进检测技术,逐步形成"数据+经验"的判断体系。后来又在不断发展中,形成了"数据+经验+过程"的三维判断体系。这套体系通过建立模型,将发酵率、水分、乙醇含量等信息录入系统,可以模拟预测出下一个轮次的基酒产量,且预测误差控制在1千克以内。同时,该系统还可对生产过程中可能出现的问题提出预警。

时至今日,茅台的三维判断体系仍在不断丰富、完善,成为当前茅台指导生产的重要体系,为高品质茅台酒提供重要保障。

高温酿造高品质

茅台酒的高品质表现在诸多方面，其中一方面在于利用高温消除很多有害物质，留存更利于身体健康的酿酒因子。在酿制茅台酒的过程中，需要高温参与的工序不少，归纳为两大类分别是高温制曲与高温制酒。

茅台酒的制曲流程长达六个月，从开始这一工序到磨曲用于制酒，工人们需经历数次高温考验，而且，为了保证曲块的质量，生产车间没有降温措施，工人们只能任凭汗如雨下。

当原料小麦被运送到制曲车间时，工人们的第一个动作是将它们按照一定的比例进行破碎，使其分别呈现出块状、颗粒状及粉状的形态。破碎后的曲料加水搅拌均匀，达到手捏成团、一摔就散的程度才可以开始踩曲。

传统的踩曲时间定在五月，由于茅台镇特殊的地理环境与气候，此时镇上的气温已经达到30℃左右，制曲车间的温度略高一些。这种高温制曲环境，为酿酒微生物的生长繁殖提供了良好的自然条件，同时抑制了一些喜冷有害微生物的活性，方便制作品质优良的曲块。这足见五月端午制曲的重要性。

制好的曲块被工人们装在小车里，推到曲仓内。在这里它们将经历一场为期40天的高温发酵之旅。堆曲的第一步是铺草，铺上约17厘米厚的底草后，按照"横三竖三"的原则放上曲块，再在曲块之间叠上约5厘米厚的稻草用于保温。

用于茅台酒酿造的曲块发酵温度约为60℃，有时甚至能达到63℃，比一般白酒制曲发酵温度高10℃～15℃。这实际上是一个筛选微生物的过程，在高温环境中，不适宜酿酒的微生物将被淘汰，例如产酸的酵母菌。而一些耐高温的微生物则会被留在曲块中，经过新陈代谢产生氨基酸等营养物质，同时生成茅台酒特殊的香气前驱物质。

高温制曲的下一步是翻曲。经过几天发酵的曲块，中心温度能达到60℃，摸起来烫手。工人必须熟练掌握翻曲时间，如果时间过早会得到发酵不彻底的"白曲"，翻曲过迟就会得到已经被灼烧的"黑曲"，只有曲香浓郁，带有酱香味、豆豉味和花香味的黄曲才是首选。工人们翻曲必须在高温环境下进行，防止由于温度下降曲块变质。为了保温，工人们要在温度高达40℃的仓内工作，只能开两扇小窗户通风。

制曲车间里非常热，通常翻曲的工人没工作多久就会满头大汗，但为了保证品质，谁也不敢懈怠，都会在规定时间内迅速完成翻曲。十天左右将进行第二次翻曲，这一次曲块的温度有所下降，但中心温度依然在50℃左右。

当曲块发酵完成，被送入干曲仓贮存数月后，茅台镇迎来了九月。重阳时节正是茅台酒酿造的伊始，一袋又一袋高粱被运送到制酒车间，被按照一定比例破碎。这之后，工人们的第一步是采用90℃以上的热水对其进行反复冲洗，一是为了洗去渣滓，二是利用高温消除其中的有害物质，如运输途中由人携带的细菌、高粱表皮上不利于酿酒的有害微生物等。

摊晾

润粮完毕，工人们会往湿润的高粱堆里加入母糟与曲粉翻拌均匀。在进行这一工序的同时，一旁的甑子已经开始预热。工人们利用抬筐将酒醅放入高温的甑中，直到两小时后才将它们取出放置在晾堂上。高温蒸粮除了起到蒸熟高粱的作用之外，还有杀菌作用。接下来则会进行酒师们口中的"阳发酵"，虽然酒醅在摊晾过程中会降温不少，但完成堆积后的两三天内，酒醅的温度又会迅速升至50℃左右。这一过程不仅利于聚集更多的酿酒微生物，还可以增强微生物的活性，帮助它们快速参与酒醅发酵。

堆积发酵后的酒醅将进行窖内发酵，直到一个月后被取出，与造沙的高粱融为一体。车间的稻壳在与酒醅混合前，需要经过高温清蒸。同样是采用甑子，稻壳也像酒醅一样被倒入其中，这一环节有利于杀死稻壳中的霉菌与其他有害物质，以确保稻壳本身的纯净。

从窖内取出的成团酒醅被打糟机打散，加入稻壳搅拌均匀会增加空隙，起到疏松作用。紧接着工人们就会开始进入上甑环节，将酒醅撒入加热的不锈钢甑内，利用极高的温度蒸馏出酒。

这一方式被工人们亲切地称为"烤酒"，因为茅台酒在蒸馏过程中对温度的要求比其他白酒更高。例如一般白酒的接酒温度在25℃左右，而茅台酒的接酒温度则超过45℃。经验丰富的酒师会根据现场情况调整温度，但必须确保出酒温度的适宜。

或许有人会好奇，高温摘酒极易造成挥发浪费，茅台为何不适当降低摘酒温度？这是因为酒在酿造过程中，极易出现具有暴辣、冲鼻和刺激性大等特点的醛类和硫化物等有害物质，而高温摘酒可以让刺激性强而沸点低的有害物质挥发，留下更醇厚、耐高温的香气物质。

在茅台酒制曲、制酒流程中，有不少高温参与的工序，正是由于这些工序的存在，影响酒液香醇的有害物质才得以消除。再加上时间的沉淀，便有了高品质的茅台酒。

手艺的高价值

20世纪70年代，电子信息技术开始普及，宣告人类开始进入后工业时代。人们生活中最大的改变不是社会关系的转变，而是自下而上的经济结构变化。工业化程度逐步升高，生产效

率成为各个产业立足社会的重要指标,"慢工出细活"则成为过去式。

在高效的背后,消费结构的变化容易被人忽视。由于初级生产中,高效的机械正在不断替代人工,剩余的劳动力需要向文化和服务型领域转移。

因此,在后工业时代,人工技艺和手工传承成了最可贵的东西。

当代美国批判社会学和文化保守主义者丹尼尔·贝尔在自己的理论中提出,后工业时代的特点是:"其经济结构从商品生产经济转向服务型经济,任何国家的经济,随着逐步工业化,各产业的生产效率将发生变化,从而必然会产生大多数劳动力向制造业转移的发展趋势。随着国民收入的增加,人们对服务业的需求越来越大。相应地,劳动力又将向服务业领域转移。"

这样的变革对中国传承上千年的农耕文明是一种洗礼,但是独特的文明体系留下来的精神对于商品泛滥的后工业时代尤为珍贵。在生产过程中,人工技艺的保留让茅台酒在后工业时代的商品泛滥里尤为可贵。

酿造一瓶茅台酒需要2 628 000分钟,历经165个工艺环节,8 000多人合力。

虽然如今的生产车间已经开始借助机械化的大型机器参加作业,但依旧有很多繁复的生产环节是无法由生产工具替代的，人工是茅台酒生产中不可或缺的力量，特别是对茅台的制曲车间来说。

在现代化工厂普及的今天，茅台的制曲车间依旧采用人工踩曲的方式。这也为茅台酒罩上了神秘的面纱，甚至有传闻说茅台酒的制曲工作必须由少女完成。实际上，茅台制曲的工人并不一定是少女，但的确大部分是女工，这与制曲流程和茅台酒对曲块的要求是分不开的。

每年的农历五月，制曲车间进入忙碌期，从清晨开始工作，制曲女工需要将已经研磨好的、精选的没有污染、公害和虫变的干杂小麦加入曲母和水搅拌配料，然后依次踩成大小形状相同的曲块。因茅台酒每年的产量在稳步增加，所以制曲女工的工作量不能小觑。

第一轮踩曲要让酒曲成块发酵，因此曲块的密度和湿度，以及车间的环境温度都十分重要。理想的曲坯中间高，四周低，呈龟背状，高12.5厘米～14.5厘米，外紧内松。这样的曲块高度适宜且外表光滑，加大了同空气接触的面积，更利于空气中的微生物在曲块内生长、繁殖。

制造出最适合微生物生长的曲块，需要精准的力道。这也是踩曲工人多为女工的原因之一。

而机器踩曲无法维持稳定的环境温度，也难以确保制出的曲块同人工制曲一样内部松散得恰到好处。同时，曲块的湿润程度和季节变化也会影响曲块的密度，这就意味着曲块既不能太过松散，也不能过于紧实，而这样精细的把控是需要人工来完成的。

最重要的是，人不同于机器的就是"精准"。机器制曲下，所有的曲块千篇一律。而经过人工制出的曲块，在恰到好处的力道之中，蕴藏着千变万化，这正是茅台口感丰富、层次多样的原因。

在常年高达40℃的制曲车间中，微生物混入曲块。在这一阶段，微生物所释放的酶可以加速淀粉和蛋白质的转化，形成糖分，促使进一步发酵。品质上乘的曲块在夏季会招来名叫"曲蚊"的小虫，它们会爬满制曲车间的墙壁。这就是微生物大量繁殖的标志。

仅仅一次踩曲还不足以酿造出酱香型白酒的好味道，它还需要两次翻曲。踩制好的曲块会被放入发酵房中，在六到八天后等温度升高到60℃～65℃时，进行第一道翻曲，再间隔八天后等温度达到50℃～60℃后翻第二道曲。

翻曲的目的是降低品温，并使其均匀发酵。在两次翻曲之后，还要进行40天的高温发酵。整个曲仓中弥漫着热浪和稻草灰，且曲仓中没有安装电灯，所做的一切都是为微生物创造良好的环境。

电子设备的加入会打破微生物环境的微妙平衡。在之后的翻曲和拆曲环节中，曲粉、稻草灰等大量粉尘在空气中弥漫，制曲工人需要在这样的环境下判断酒曲的发酵情况，而这样的工作是机器无法取代的。

另一项工作是勾兑。

茅台酒的酱香风味复杂，无法通过精准数据判别其中的香味成分。而最后的成品酒都需要靠上百种不同年份的老酒勾兑而成，在这个过程中没有加入一滴水和香精。茅台的每一位勾兑师都要靠自己的舌尖来评判这复杂的味道。

勾兑师们如同穿梭在微生物魔法间的魔法师。他们需要在这1 000多种风味中寻找稳定和平衡。这需要每一个勾兑师不厌其烦地品尝每一杯酒，从而找到其中的微妙变化，最终形成统一的风味。

从香味基体来看，酱香酒有三大基体：酱香、醇甜、窖底。而分型定级的过程就要在这个环节中完成。然后将不同轮次、不同香型的基酒进行合并，这就是盘勾。最后再进行小型勾兑，才能得到一瓶茅台酒。

这个过程富有创造性和艺术性，再精密的高科技仪器也无法打造合格的茅台酒，这也是勾兑师不可取代的原因。

正如茅台技术中心品鉴师袁泉所说："仪器对于酒的香气、香味物质，是一个数值上的体现。就好比酒的酸，只要在0.1～0.5的范围内，都是合格的，但是如果一个0.2值的酸，配上另外一个也在合格值内波动的物质，那么搭配出来的酒的感官，会有一个很大的变化。""但是人的感官，在品尝酒时，是品

酒体验的综合体。仪器只能告诉你酒里的数值是多少，它不能告诉你整杯酒是否达到整体协调、是否存在异味、杂味，所以感官和仪器是需要结合在一起的。首先数值要合格，其次感官（体验）要好，这才是合格的茅台酒。"这种品酒的平衡只能靠勾兑师敏锐的感官来完成，任何精密的仪器都无法替代。

茅台酒的高品质是每个工匠的艰苦付出和努力换来的。在生产全流程中，茅台酒厂最大限度地保证人工生产，就是为了让人体感官和其对酒体的微妙感知相融合，从而掌握酒体的发酵状态，让酒体达标。

这种人与物的感应和交融，为茅台酒赋予了更珍贵的情感，让它有了工业时代被大批量生产的冰冷商品所没有的温情，这也是每一瓶茅台酒都不可复制的原因。

最后，在出厂前，茅台酒厂的包装车间工人要为每一瓶茅台酒系上红丝带，这种没有被机器取代的仪式，是工匠最后的情感寄托。

科技赋能高品质

"茅台智造"的三次变革

"茅台智造"是一次创造性变革。这场变革性创新经历了机械化代替生产过程中的重体力劳动、数字化平台的搭建、对微生物的探索、对酿造原料的基因测序,以及对"无人区"的探索几个阶段,将前沿科技和白酒生产融合,实现了高科技对高品质的赋能。

第一阶段从机械化生产开始。

作为劳动密集型产业,传统白酒酿造一向需要大量劳动力进行手工操作。2021年,茅台一共有一万多名一线手工参与者。㊀

在生产方式落后的年代,挑水、下甑、背酒醅都需要人力完成。从一定程度上讲,没有强大的人力合作是酿不出茅台酒

㊀ 摘自茅台时空《中庸的力量:从"四次酒"看茅台酒酿造的"大回酒"秘密》。

的。即使是高科技得到普遍应用的今天，工人们也形象地说，一斤茅台酒至少需要六斤汗水。

毫无疑问，不管是茅台本身还是整个白酒行业，都没有放弃机械化生产的尝试，都在力争做到以机械代替部分人工。

20世纪50年代，是白酒行业机械化生产探索的起点。在当时，酒厂开始用机械代替畜力，用冷却器代替天锅，用鼓风机代替扬锨，天车或小推车的应用则代替了人抬肩扛。[一]但是，在起步阶段，即使是这种简易机械装置的使用率也不高。

在最初的近二十年中，机械设备在制曲和酿造环节被广泛应用。但常因生产的白酒质量不达标而宣告变革失败。

在20世纪80年代的机械化生产尝试中，各个酒厂大力推广应用以行车为主的多联甑蒸馏、活动链板通风式晾渣机等机械装置。在这次革新中，有很多设备被保留了下来，但依旧因为生产出的酒无法和人工生产的酒媲美，而没有得到广泛普及。

如果将目光聚焦于茅台的发展脉络，工艺设备的改进，极大地减少了繁重的体力劳动。茅台制酒车间首先使用了手动式辘轳运送窖酒醅，降低了劳动强度。不久后，工字梁行车和不锈钢甑就被工人们自主设计制造出来。工人可用抓斗起糟，行车吊甑下糟。经过实验，人们将固定的石板甑调换为了活动的

[一] 张志民,吕浩,张煜行.衡水老白干酿酒机械化、自动化的设想和初步试验[J].酿酒,2011,38（01）:19-23.

不锈钢甑。

迈入21世纪后，整个白酒行业不仅在探索生产自动化，还有很多设备公司也参与了自动化设备研发。2016年，国际酒业博览会中展示的酿酒机器人，已经可以完成上甑、摊晾这样的复杂劳动。茅台也在进行机械化上甑技术的研究。茅台的系列酒已经陆续运用机械手上甑。不过，飞天茅台酒酿造至今仍旧坚持人工上甑，遵循上甑六字法。

包装工序属于非核心工艺，因此在机械化、自动化生产方面的创新更加大胆、超前。茅台的包装车间已经实现全自动化流程。就整个白酒行业而言，其自动化程度是遥遥领先的。在茅台包装车间中，一台体型庞大的自动下卸摆酒机，至少可以承担两名员工一天的摆酒工作量。

第二阶段的创新代表，是搭建数字化平台，并将其投入管理和监管工作。

茅台在实现千亿元营收后，面临着如何突破产能扩张的问题。就在此时，传统行业引入数字化科技的风潮正盛。茅台正是找到了这一抓手，将数字化作为重要动力极开始部署。

如今，茅台已全面建成全产业链数字化平台，将其主要应用于原料基地、质量和食品安全的监管，实现从原料到成品酒的全过程可溯源，实现数字化的酿酒工序。

原材料供应链等平台，是运用数字化技术对原料种植、收储等环节实施信息化管理。这一平台的建立有两点好处。第一，让供应粮食的农户更注重生产质量，坚持按照相关标准进行种植。第二，让收购粮食的流程更加精简规范，而且给农户结款的速度也大大提高。

茅台生产数据管理系统是应用在生产过程中的信息平台。它主要对酿酒过程进行监管和掌控，包括数据采集、工艺巡检、样品送检、计划管理、统计分析等，并且与质量平台、勾贮系统、NC系统等实现数据上的互通有无。这让茅台酒的生产过程从仅凭酒师个人经验应对突发事件，变为"数据＋经验"的有机结合。生产管理部的副主任牟明月说："这让我们对生产情况判断得更准确，对生产上的管理和监控更加高效。"数字化平台的建立，也让酒库调度管理变得高效。信息化系统的细化与深入，使得调度工作更加智能化，并降低了人工调度的风险。

目前，茅台生产数据管理平台采集的数据已超过千万条，实现了茅台酒生产全过程的数字化，让茅台实现了从茅台制造到"茅台智造"的转变。

第三阶段的创新，是从生物学角度进行微生物探索，以及对酿酒原料进行基因测序。

茅台酒的高品质与微生物的种类和活性相关，也在于红缨子高粱的优良品种。从生物学角度探寻其中的奥义，为茅台酒的高品质酿造打造了科学护盾。

比如，通过目前的技术手段，人们发现超过1 000种微生物与茅台酒酿造相关。其数量之丰富，非一般白酒所能企及。经过研究发现，这些微生物中有利于茅台酒酿造的菌群，也存在会损害酒品质的菌群，通过检测微生物的种类、生存环境、主要作用等，就可以在酿酒过程中，通过更加精准地控制环境温度及干湿度、优化工序等方式去糟取优，保证茅台酒的高品质。

再比如，在原料方面，茅台酒的酿造需要颗粒小、皮厚、坚实、饱满的红缨子高粱，这些是肉眼可见的标准。但淀粉、单宁等比例，尤其是支链淀粉含量这些重要标准都需要仪器才能精准测算。为了让田中高粱保持高标准，对原料进行生物基因测序就必不可少，这样才能找到更加优良、稳定的高粱品种。

原料基因测序及微生物研究等工作，是对酿酒工序进行量化的手段。这样的工作，为茅台开辟了一条精细化的研究之路。

第四阶段的创新代表是对前沿科技应用的探索。

人工智能在生产过程和园区中的应用，拉开了茅台在"无人区"领域探索的序幕。此时，第二阶段数字化监管平台的搭建，和第三阶段生产工序的量化，为仿生机器人加入生产行列开辟了道路。

如今，智能化曲房可以通过自动翻曲机与智能曲房环境调控，调节翻曲频率和曲房内的温湿度与氧气含量，实现大曲培养的智能优化管理。而仿生上甑机器人的出现，也在一定程度上解放了工人，改变了他们日复一日地弯腰、起身等固定工作程式。这些仿生机器人可以从传统人工的操作中提取技术流程和关键节点并进行学习，实现和人工最大限度地接近。

茅台还开启了区块链运用的探索。例如，数据共享库的性质，让茅台区块链为消费者溯源提供了更透明的平台。茅台酒RFID防伪溯源体系在2013年上线，其中的数据不可伪造、不可更改，而且可以追溯，对利益相关方公开透明。这个体系对高端白酒市场长久以来深受困扰的"造假"现象，可谓对症下药，成为茅台防伪工作的重大突破。

实际上，茅台酒受地理环境等因素限制，产能的提升较慢。而不断攀升的市场需求，成为假冒伪劣现象出现的温床。茅台不得不加速自身的防伪体系建设。自1993年起，茅台就开始使用防伪标识，用外包装上的条形码和酒瓶顶部的激光标记防伪。1997年，茅台引入3M防伪技术，并于1998年1月1日正式启用。

而这些防伪工作还是需要借助第三方技术。为了产品安全和防伪工作形成闭环，2013年，RFID溯源体系上线，实现全流程防伪数字化、食品安全溯源信息化。利用区块链技术，让流程信息更全面，也更安全。由此，消费者可以轻松地对手中的茅台酒进行溯源，判断真伪。

通过不断地探索、创新和应用，茅台成功地让科技融入企业的经营和业务中，为茅台酒的高品质赋能。

人工智能，酿造新法

当传统企业遇上前沿科技会发生什么？人工智能会不会取

代人工酿造？人工智能酿造的产品品质更高吗？自2017年开始，人工智能成为热点，传统制造业不断和新技术擦出火花。在白酒行业，这些问题也成为业内和公众关注的焦点。

茅台有自己的认识。人工智能和传统工业并非水火不容，二元对立的视角会否定许多可能。人工智能等前沿科技的运用，是传统工艺的延续，也是实现高品质追求的途径。茅台认为，技术创新是企业发展的核心竞争力。

在酱香酒的酿造过程中，存在很多重复性的重体力劳动。以上甑环节为例，一名酒师在工作时需要端着重达近10千克的酒糟，重复弯腰、起身这一套动作一百多次才能完成一次上甑。而一名上甑酒师每天需要上4甑酒。这相当于每天要弯腰、起身六百多次。

上甑

为了实现员工减负、提高产量，上甑机器人成为白酒行业智能化的重要课题。2016年就有科研单位开始研究上甑机器人的可行性。直到2021年，国内已经有多个团队深入这一领域，研究成果十分显著。中国科学院自动化所就曾公布其研究成果，逐步实现通过人工智能技术突破白酒行业自动化生产的技术瓶颈，而且达到了一定的市场投放量，收获了一定的认可。㊀

但从传统的酿造工艺来看，上甑机器人还有很大的发展空间。首先，上甑是白酒酿造中的关键环节，不仅要求酒师重复重体力劳作，还需要酒师对粮食、酒曲等原料有综合判断的能力，能根据情况调节温度、时间等诸多因素。俗话说："上甑犹如绣朵花，摘酒好比走钢丝。"因此，上甑工作也能成为判断一个酒师是否合格的标准。目前，相比经验丰富的酿酒师，人工智能对上甑环境的检测分析能力还需要提升。

其次，上甑蒸馏技术的优劣直接影响白酒品质的高低。除了完成数百次弯腰起身之外，酿酒师还需要综合高粱的颗粒大小、原粮之间的间隙等因素，在每次上甑中做出细微的调整。这是通过常年的经验累积而成的酿酒法则，是难以通过简单的数据分析实现的。

最后，提高上甑效率确实能够提升白酒产量。但在如今消费升级的时代，白酒市场趋于饱和，以量取胜不再是占领市场

㊀ 摘自中国科学院自动化研究所《上甑机器人＋智能检测：AI突破酒行业自动化生产技术瓶颈》。

的第一策略。提升白酒质量、实现产能发展才是未来的发展方向。

综合来看，上甑机器人确实能够减少重复性的重体力劳动，但是大规模投入生产还需假以时日。

在白酒质量的检测方面，人工智能则表现出巨大优势。相比人工鉴别白酒真伪，人工智能强大的分析能力和丰富数据库占有绝对优势。因此，茅台也开始在AI鉴定领域尝试突破。茅台坚信人工智能的浪潮会为白酒行业的发展起到推动作用，需要在酿造中不断实践、不断创新。

03

认同与
多价值

品牌价值是多重价值的综合呈现。美誉力体系离不开价值创造。品牌正是因为创造了丰富的价值，才获得了美誉。

　　酒是人类文明发展至一定阶段的产物。一直以来，人们以酒解乏，以酒寄情，感知一杯酒最为本真的功能价值。随着时代不断发展，酒的含义愈加丰富。作为引领行业的先锋，茅台展示了一杯酒如何做到功能价值、情感价值、收藏价值、资本价值和时间价值的叠加释放。

功能价值

从古至今,酒都具有一种独特的魅力。它承载着情感连接、社交往来,甚至是文化传播的功能。不过,撇开酒的附加含义,回归其最为本质的功能价值,酒的作用简单而直接:解乏、解忧。

解乏,是人生理层面的体现。从酒的特点来说,它是一种带有刺激味道的饮料。酒本身含有酒精,而适量的酒精摄入能够促进人体的多巴胺分泌,抑制乙酰胆碱传递,刺激下丘脑,即酒可以影响人体内脏活动和内分泌活动的较高级神经中枢。正因如此,很多人将酒定义为一种"兴奋剂"。

这一系列复杂反应带来的直观感受就是愉悦,即解忧。这是酒在精神层面的重要体现。古人说,"何以解忧,唯有杜康",实际上,这就是酒精刺激人体多巴胺分泌,从而给人带来愉悦感与舒适感的体现。

茅台酒自然具备这样的特性。酱香醇厚,一杯入喉,柔和细腻，让人回味悠久。不上头、不口干、不烧心，这是消费者对茅台酒产品本身的普遍评价。一般来说，过度饮酒或者饮用勾兑酒会让饮者出现不良反应，特别是饮用勾兑酒，其中的有害物质，例如甲醇、氰化物、重金属会使人产生头晕、烧心等症状。

但茅台酒完全由纯粮酿造，在勾调工艺中也没有添加水、食用香精及其他物质。

工艺，是茅台酒功能价值最直接的保障。1992年师范毕业后进入茅台的谢珺提到，茅台酒不上头的关键在于贮存。将酒存入陶坛，放置在一旁，时间一到，便进行下一道工艺。这生产环节看似简单，然而，其背后的科学原理并不简单。

贮存茅台酒的陶坛，具有特殊的微孔结构。酒看似藏于陶坛，却时刻与外界发生交互反应。在此过程中，氧气会进入陶坛，促进酒体的氧化还原反应。新酒中的微辣、暴辣等低沸点物质得以挥发，高沸点有益物质得以留存。如此之下，存于坛中的酒体不断老熟。同时，乙醇和水进一步紧密地结合在一起，酒的口感愈加醇厚。

一般来说，刚烤出的基酒，不可避免地会有一种辛辣感。犹如初生牛犊，天然带有一丝桀骜不驯。而出厂时的茅台酒，经历了数个四季轮转，在经年累月的吞吐呼吸之间，酒体愈显成熟稳重。正是如此，茅台酒不呛口、不辣喉，入口便是醇厚、细腻之感。

纯粮酿造，则是来自源头的保障。茅台酒酿造原料极为简单——红缨子高粱、小麦、水。五斤粮食酿造一斤酒，且在酿造环节中，不添加任何外来物质。并且，高温馏酒的工艺意味着茅台酒是从气体变为液体，保证了酒体的纯粹安全。此外，在勾兑过程中，多达数百种酒样进行勾兑，完全是酒与酒的调和。"以酒勾酒"构筑了茅台酒的高品质，丰富了其功能价值的内涵。

古往今来，疲惫之时，喝一壶酒以解乏；欢庆之时，饮一杯好酒以助兴。回归本真，一瓶酒的功能价值包含的是人类饮酒的纯真情感。

情感价值

个人情感

从古至今,酒在人类情感表达中始终占有重要地位,是人与人之间情感连接的重要载体之一。古人云:"酒始于智者,后世循之。以之成礼,以之养老,以之成欢。"对于中国人而言,喝酒从来不仅仅局限于好喝,更在于情感的释放。中国人在欢乐时喝酒,忧愁时喝酒,相聚时喝酒,离别时也喝酒。可以说,酒已成了中国人骨子里的另一种血液。

中国人历来重情讲义,待客亦是如此。而这浓烈情感的表达,少不了物质载体的承接,酒就在这时隆重登场。一家团圆时,主宾相欢时,一桌丰盛的好菜,再配上一瓶好酒,大家举杯共饮,情感的温度就在此间得到传递。

作为中国传统文化的一种载体,酒与社交、文化等都有紧密的关联。而茅台酒,作为中国酒文化的典型代表,亦是中国人情感表达的重要载体之一。茅台的价值构成并不只是酒,更是在功能价值外，融合了人的多层情感价值。茅台酒不仅是一瓶酒，更是情感表达的好物，其深厚的文化底蕴和人文价值，使之成为人们社交的最佳载体。它总是出现在人生的重要时刻，比如庆功宴、团圆宴、婚宴等场合。许多人在回忆人生的重要时刻时，总有茅台酒的身影。

茅台酒与个人情感的联系，从创立之初就已拴紧打牢。清代中后期，成义烧房的创始人华联辉开办烧房的初衷，就由亲情催生。华母在一次叙旧回忆中，谈起茅台镇产的酒回味无穷。为了满足母亲再次喝上茅台酒的愿望，华联辉到茅台镇访酒，却见茅台镇因遭战火蹂躏，原有烧房无一幸存，遂重金礼请了当年的老酿酒师，重新酿造出了味同当年的茅台酒。由此，被迫中断数年的茅台酒生产在亲情文化和孝道文化中涅槃重生。

在后来的发展中，茅台酒与越来越多的家族故事交融，成为家族传承的一大见证。2011年，一瓶1935年的赖茅酒以1 070万元的价格被一位福建宁德市赖姓企业家收入囊中，成为截至2021年底中国白酒拍卖历史上的标王。这位企业家之所以会以天价买下这瓶赖茅酒，是因为这瓶酒对他有着非常重要的意义。

这位企业家与贵州恒兴烧房的传世家族赖氏颇有渊源。他与贵州赖氏家族祖籍地均为福建永定，后有一脉迁徙至贵州繁衍生息。两地赖氏同宗同源，企业家收藏祖上留下的东西，是为了传承赖氏家族的宗族情感和文化。

对于中国人而言，亲情是最珍贵的情感底色。

一位20世纪80年代出生的茅台消费者曾提到，他父亲那代人的骨子里对茅台酒有很深的情怀。有一年伯父回乡探亲，带了一瓶10年的茅台酒。兄弟相见，共谈往事，共饮美酒。月下酒香，令他永生难忘。一想起那个欢聚的晚上，就能想起杯中的酒味。

对于不少人来说，茅台是亲人相聚、朋友相聚、工作交流中的必备品。喝茅台，代表了一种美好的心情和值得回味的记忆。甚至有不少人将孩子出生那年的茅台酒储存起来，伴随着孩子的成长，茅台酒会愈加醇香。随着时间流逝，茅台酒成了特殊的见证者。

在中国，人们往往注重人情往来。而在这份人情中，茅台酒散发出独特的魅力。其情感价值释放在历史和现实的细微处，无可复制，亦难以比拟。

当人们饮酒时，口腹中游走的香和醇转化为高维度的情感连接，这就是茅台酒带给用户的不可替代的情感价值。在更高的精神层面上，茅台获得了用户的认可，由此有了更鲜明的品牌烙印。它是不可替代的情感纽带，亦是人生见证。

故土情结

在中国传统文化中，故土情结最是深刻。而每一种中国酒都与一方土地相连接，有着深刻的地域文化内涵。一方土地一方酒。这与中国传统文化中一方水土养一方人的思想，有着异曲同工之妙。

如山西汾酒代表着山西的饮食文化。汾酒是清香型白酒的代表，口味清香幽雅、醇净柔和，以入口绵、落口甜等特点著称。而这种酒体风格的形成，与山西久远的历史渊源和酿酒工艺紧密相关。而四川地区盛行浓香酒，就像适应了辣椒和花椒的香味，川人的唇舌已经适应了浓香的口感。江浙一带，黄酒是当地居民的最爱，代表着沿海地区人民的温和。以茅台为代表的酱香酒则体现出贵州当地文化。贵州多山，有着"地无三尺平"之称，贵州人的性格经过了山的锤炼、水的浸润，茅台酒就像贵州人一样，会在时间中不断生长和丰满。

人们在喝到家乡酒的时候，总会产生熟悉感，常常感怀不已。尤其对于在外漂泊的游子来讲，一杯酒可解思乡之情。茅台酒亦连接着人与脚下土地的情感，其本身就是地域性产品，浓缩着深厚的地域情感。酒厂坐落于河谷之中，山、水、风，都是茅台酒诞生的必然因素。而在茅台集团，大约70%的员工是仁怀本地人，他们用乡情文化和地域文化孕育出了丰满的酒体，使得茅台酒体中蕴含着厚重的大地情怀。

茅台酒的性格，非常接近中国文化的整体性格，既坚韧又包容，既博大又深沉。蕴藏着乡土情怀的茅台酒，能唤醒中国人对脚下土地的热爱。人们在品饮茅台酒时，不仅了解了茅台镇这片土地的文化，接收到来自茅台镇的情感，也常常将思乡之情、故土情怀融入其中，丰富了酒的内涵。

家国情怀

除了"小我"的亲情、爱情、友情，中观层面的故土情，茅台文化还连接了宏大的家国情怀。在茅台文化中，有一种独有的价值内涵，即红色文化。诞生于特殊时代、在国家引导下成长的茅台酒，具有家国层面的情感价值。历史的不可复制性，让茅台酒的红色文化变得不可复制。

1935年，红军在遵义会议后四渡赤水，这成了中国历史的转折点之一。而四渡赤水中的第三渡地点就在茅台镇，当时红军在茅台的创新创造之举，使深藏于大山一隅的茅台酒从此与中国红色革命结缘。

茅台酒见证了红军奋斗的历史，也深入参与到革命的历程之中。在红军行军途中，茅台酒是部队解乏、疗伤的良药，还是将士们的壮行酒、庆功酒。

这些红色的历史记忆，赋予了茅台酒不可替代的内涵。这正是茅台酒之于中华人民共和国第一代革命家最独特的情感所在，是茅台宏大情感价值的根本。所以，在诸多重大历史事件中，茅台酒都被选为重要的见证者。

茅台酒与中国革命的深厚渊源，赋予了茅台酒更为厚重的历史和博大的情感：家国情怀、爱国情怀。家国情怀能引发中国人强烈的情感共鸣。在中国文化中，国和家是连在一起的，无国则无家。中国人誓死保卫山河的血性和骨气，澎湃而热烈，荡气回肠。

茅台酒与新中国的历史同行同向，并且伴随着中华民族的崛起不断走向辉煌。1915年巴拿马万国博览会之后，茅台酒的历史，就像中国近代史的缩影。茅台的发展见证着中国的每一次发展与成长。所以茅台酒中，也藏有当年的峥嵘岁月，蕴藏了宏大的情感。

家国的情感价值，是茅台品牌护城河的重要部分，让茅台品牌和其他名白酒间有了一条明显的分隔线。茅台美誉力的形成，离不开茅台酒中蕴含的家国情结。

不论是亲情、友情等个人层面的小我情感，还是故土情结等地域层面的情感，抑或是家国情怀等国家层面的情感，都让茅台的酒体价值构成得以丰富，茅台不只是酒，情感文化、社交文化、红色文化……几种文化产生的情感，为茅台酒赋予了难以超越的情感价值，由此形成了茅台的美誉力内涵。

品牌的价值，根本在于文化的价值。深厚的文化底蕴、独特的文化内涵，奠定了茅台品牌可遇不可求的先天价值基础。茅台后天对品牌文化内涵的挖掘，更为品牌注入了丰富的情感。

从庙堂到江湖，茅台酒是很多重要场合表达情感的重要介质。茅台酒能将人生小我的喜怒哀乐连接到大我情感上，这是茅台美誉力的多价值特点的另一体现。它不仅体现在主体自发

的愉悦感，还通过传统文化资源作用于品牌和企业文化，从而形成独特的品牌理论、文化观点和社会审美，并在这些层面上传递出新的情感。尤其是在品牌构建和故事营销中，茅台将企业的坚守和历史沉淀展现给受众，从而成功搭建了品牌文化金字塔，使茅台的企业文化、个性理念得到社会媒体的认同，契合了消费者的价值观。茅台用文化属性为大众创造更多情感价值，在消费者心目中，树立起坚实的口碑。

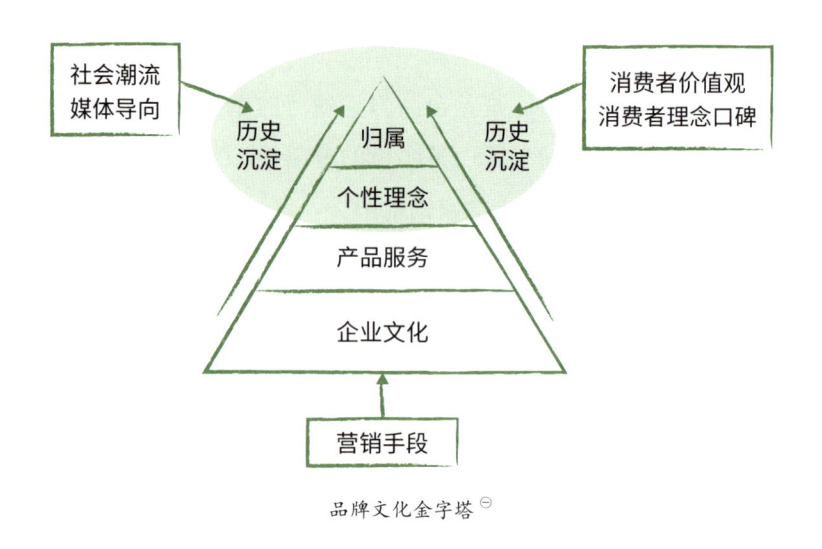

品牌文化金字塔 ⊖

情感价值叠加在基础的功能价值之上，成为茅台酒更高一层级价值体系的基础。从本质上来说，人是情感性生物，人会为了情感而付出更多，因此更多的价值会从情感中衍生出来。

⊖ 全球酒业发展报告编撰委员会. 2018全国酒业发展报告 [M]. 北京：中国商务出版社，2018.

金融价值

资本价值

2001年7月的最后一天,贵州茅台股票在上海证券交易所成功发行。次月27日,贵州茅台在上海证券交易所正式上市,当日发行价为31.39元,开盘价为34.51元,收盘价为35.55元。

自此,茅台开启了逐鹿资本市场的历史篇章。

2008年,金融危机席卷全球。中国股市受到影响,企业股价纷纷下跌,动摇了投资者对中国经济发展的信心。在这巨大的变化中,贵州茅台一枝独秀,仍保持着股市中的最高价位,是当时中国股市中唯一一只股价保持在近百元的股票。贵州茅台在资本市场上的表现给投资者、消费者带来了信心,为低迷的股市注入了活力。

2017年被视为茅台发展的关键时间节点。这一年,茅台集团白酒产量达12.4万吨,同比增长24.5%;销售收入764亿

元，同比增长50.5%。这一年，茅台股价一路高歌猛进。4月10日，贵州茅台A股股价冲至394元/股，创历史新高，总市值达4 949亿元。这一年，茅台首次超过帝亚吉欧，成为全球市值最高的酒企。

茅台持续书写着绚烂篇章。2018年1月15日，贵州茅台盘中市值近万亿元。2019年9月24日，贵州茅台A股股价达到1 184元/股，总市值达1.49万亿元，登顶A股流通市值冠军宝座。2020年4月16日，贵州茅台市值约为15 038亿元，而彼时可口可乐的市值约为14 471亿元。在全球食品饮料行业中，贵州茅台市值荣登第一。

从营业收入来看，2001年，贵州茅台营业总收入为16.18亿元，归属净利润为3.28亿元。2021年，贵州茅台实现营业总收入1 061.9亿元，同比增长11.9%。归属于上市公司股东的净利润524.6亿元，同比增长12.34%。

在资本市场上，股价第一、市值第一成为茅台极具象征意义的符号。总体来看，20年资本市场路，茅台曾因宏观经济与行业深度调整等因素，经受过几番动荡，但最终茅台凭借强大定力走出了一条稳健发展的道路，画出了一条持续上扬的股市K线图。

中国资本市场上，贵州茅台一骑绝尘的表现，铸就了其品牌深厚且稳固的价值含义。在消费者心中，价值成了茅台特有的标签之一。一个显著的代表是，当提及其他行业的龙头企业时，人们常会以茅台类比，例如茶中茅台、水中茅台等，用以显示其高价值属性。

资本市场对茅台的认可，源自茅台酒的稀缺性、不可复制性及时间复利。

稀缺性和不可复制性是茅台酒的重要特质。20世纪90年代，季克良发表了著名的观点——离开茅台镇，就产不出茅台酒。曾有仁怀市相关领导提到，这一句话相当于在仁怀市埋下了巨大的金矿，意味着茅台酒只能在指定范围内生产。

20世纪70年代，为扩大茅台酒产量，国家相关科研人员与茅台酒厂技术专家共同成立"茅台酒易地试制"小组，探索易地酿造茅台酒的可能。为提高实验的成功率，小组成员在遵义北郊选择了一处与茅台镇温度、湿度最为接近的场地，并将生产茅台酒的原班人马纳入小组，采用同样的原料、工序，严格控制生产过程中所有人为变量，以确保一致性。

十年后，历经9个周期、63个轮次、3 000多次分析实验，最终易地实验所产的成品酒，经过专家评审，认为其品质只是接近茅台酒，并未如最初设计实验预料那般，完全复刻出茅台酒品质和风味。所以，这场耗时数年的"茅台酒易地试制"实验宣告失败。而导致实验最终失败的原因，除去人为因素外，便是其唯一的不可控变量——茅台镇独一无二的河谷环境与微生物，只有它们，才能够确保所产茅台酒的品质。

2001年，茅台酒获得"原产地域保护产品"认证。茅台酒

生产区域紧靠赤水河东岸一侧，仅限于流经贵州省仁怀市茅台镇河水的中上游地段，保护地域面积约7.5平方公里。2013年，国家质检总局㊀宣布，茅台酒地理标志产品保护地域面积，扩展至15.03平方公里。

地域环境条件有限决定了茅台酒的稀缺性。在工业化机器大生产的今天，批量生产、大规模复制是最其典型的特色，然而茅台却具有非典型性。一方面，劳动密集型仍然是这家企业的特性。另一方面，产能提升的天花板始终存在。只有在特定的生产区域，以特定的工艺，才能生产酿造出一定量的茅台酒。

生产工艺同样提高了茅台酒的价值。或者说，时间提高了茅台酒的价值。与其他香型几个月一个生产周期相比，茅台酒是一年一个生产周期，产量实在有限。端午制曲、重阳下沙，与自然节令的严丝合缝，是茅台酒生产的一大特色。这是农耕文明的延续，亦充分体现了是时间赋予了茅台酒独特魅力。

在茅台酒的生产酿造中，时间的概念无处不在。七个轮次酒出炉，在分型定级之后，一一存入陶坛，等待时间的打磨与沉淀。储存一年时间后，进入盘勾环节。在这"合并同类项"的工艺环节里，酱香与酱香交汇，窖底与窖底共舞，醇甜与醇甜交融。酒与酒之间的差距逐步缩小，待分装完毕后又储存于陶坛之中。一年之后，再进行小型勾兑。待小型勾兑合格之

㊀ 国家质检总局一般指国家质量监督检验检疫总局，2018年，根据国务院机构改革方案，对其功能进行整合，组建国家市场监督管理总局。

后，再进行大型勾兑等。

一位经验丰富的老茅台人梁宗保提到，储存就是让酒"采天地之灵气，集日月之精华"。本质而言，就是静待时间为酒施加"魔法"，待其风味、口感更加优越。正是如此，贮足陈酿，不卖新酒，成为茅台坚守的重要原则。

在全世界范围内来看，具有唯一性的产品并不多。在稀缺性、不可复制性与时间复利等特性的加持下，茅台在资本市场上表现出色。人们时常以贵州茅台的市值为热点话题，但更应该知道的是，茅台的金融表现有着强大的实体支撑。如果没有酿酒实业，资本将无从谈起。秉持一心一意酿好酒的初心，茅台才有了可以想象的空间。茅台如此，其他企业也一样。

收藏属性

收藏属性，是茅台酒的另一种价值体现。

"82年的拉菲"，原指1982年法国波尔多拉菲酒庄生产的干红。这一年法国原产葡萄质量奇佳，酿造的红酒味道好且不可多得。因此，"82年的拉菲"引领风尚，成为广受消费者追捧的产品。基于此，"82年的拉菲"的收藏属性应运而生。

茅台酒也不例外。

实际上，在改革开放前，茅台就因供给有限，一直是"凭票"购买。在当时那个物资短缺的年代，茅台酒成为信用等级

极高的硬通货之一。到二十世纪七八十年代，同样基于产能有限，加之茅台酒声誉极高，且长期实行包销，此时的茅台酒并非普通消费者可以消费的商品。

如今，茅台酒已"飞入寻常百姓家"，不仅成为大众消费市场中的翘楚，亦成为白酒行业中的领头羊。一位经销商提到，只要桌上的话题与酒相关，那么茅台酒就是不可能绕过的核心话题。茅台酒源远流长的历史、与共和国的深厚渊源等，都是组成其品牌价值的重要元素。其美誉力的传播与提升，在很大程度上与此相关。

茅台酒天然带有的稀缺性，及其带来的长期升值潜力，让茅台酒有着巨大的收藏价值，更让茅台酒的"收藏热"持续升温。

2010年，茅台推出贵州茅台酒（十二生肖）特别收藏版，共12瓶，包含12种生肖款式，这是国内第一款作为资产权益产品（可升值、交易、收藏）的白酒，在行业内引起了极高的关注。2014年，茅台推出甲午马年生肖酒，首发价格为849元／瓶，到2020年时，这一产品市场价已经超过万元。如此高的投资回报，自然引起了人们的追逐。

在拍卖市场上，茅台酒也是宠儿，其价格持续攀升，从侧面体现出市场的认可。2011年4月，在"首届陈年茅台酒专场拍卖会"上，一瓶"精装汉帝茅台酒"以890万元的价格成交。2019年6月，纪念香港回归的12瓶1997年限量茅台酒，拍出了

60.95万元的高价。2021年5月，在"国酿醇香"的专场拍卖会上，一瓶1957年产的五星牌茅台酒以115万元成交。2021年6月，伦敦苏富比（Sotheby's）拍卖行拍出的一箱1974年产（24瓶装）的"葵花牌"茅台酒，以100万英镑（折合人民币约900万元）的创纪录价格成交，平均一瓶茅台酒的拍卖价高达37.5万元。

在世界各大拍卖行，茅台老酒的地位不断攀升，苏富比拍卖行称这些茅台"不仅在茅台酒厂史上占有重要历史地位，而且在中国历史上都有独特的地位"。苏富比拍卖行的茅台酒专家保罗·黄在一份声明中提到，这个价格将这种白酒在收藏家中的地位提升到了新的高度。

值得一提的是，茅台酒收藏价值的背后，有一个关键概念——酒是陈的香。经过贮存的茅台酒，放得越久，其味道越是醇厚。这是收藏的重要前提和保证。2000年后，茅台相继成功推出15年、30年、50年、80年的陈年茅台酒。陈年酒再一次将茅台蕴含的能量释放，并为茅台带来了巨大的经济效益。

从这一角度而言，产品的特质决定了收藏的价值。茅台酒一年一个生产周期，耗时长久且产能有限，还需要经年累月的贮存。15.03平方公里的生产范围，虽然限定了其产能扩张的步伐，但也提升了茅台酒的产品价值、资本价值、收藏价值。

老酒概念引领了整个白酒行业的新风潮。从市场反应来看，老酒价格不断攀升就是直接证明。

曾有投资者将茅台比作"流淌在中华文明中的液体黄金"。行业内也有一种不成文的说法，买茅台酒等同于买黄金，这背后体现的是市场对茅台多层价值的强烈认同。作为一瓶酒，它是饮品，但将其概念延伸，它身上附加的含义却非常丰富：深厚底蕴的传统文化与独特的生产工艺，丰富了其基本内涵，提高了其价值深度，而茅台酒在资本市场上的表现则让人产生了更多价值想象。在价值持续提升的过程中，茅台的美誉力亦在不断升华。

04
构筑正向符号

企业向外传递的精神理念、价值观，会在时间作用下成为符号印记，茅台便是典型代表。提及高品质、中国名片、不可复制等概念，茅台的形象便会映入脑海，这正是茅台构建的正向符号体系。对外，这是时代精神和正能量的传播；对内，这是对企业品牌形象的正向塑造。各种正向符号的构建为茅台美誉力贡献能量，亦丰富了茅台品牌的价值。

坚守工匠精神

大国工匠代表

茅台酒是茅台工匠的集体作品。酒的幽雅、醇厚、细腻，来自工匠们的精心酿造、细细打磨。茅台正向符号的构筑，首先在于工匠精神的传递。

工匠精神可以拆解为两部分。

其一是工匠。茅台工匠是中国工匠的代表。追求极致的绣花精神、吃苦耐劳精神、"冷板凳"精神及传统工匠的匠心、匠魂，都在茅台工匠身上得到了绝佳的传承与体现。

其二是工艺。茅台一直坚持传统工艺，时必顺，工必到。时，乃天时，也是四时。工匠们在四季轮回里辛苦耕耘，将每一道工序做到极致，方得一瓶茅台酒。

在专业化分工已经很精细的今天，酿酒工作被拆解为许

多道工序。因此，经年累月，必有繁复枯燥之感。比如上甑，不过是装酒醅，直起身，再将酒醅抖落在酒甑中。又如踩曲，不过是利用人的重力，一遍又一遍地塑造曲块的形状。再如包装，则工序更细，重复劳动更多。但看似简单的劳动中其实大有乾坤。

体力劳动不仅充满汗水，还充满巧思。例如，制酒工人上完一甑，要弯腰、站起一百多次。如果没有熟练的技艺，便做不到"轻、松、薄、匀、准、平"的上甑标准。踩曲亦是如此，一个制曲工人每天大约要踩9 600步，若没有经验与智慧，便不能把曲块踩成适宜的龟背形。

常言道，火心要虚，人心要实。茅台工匠之实，在于不管周遭如何，只专注于酿好酒。匠人，匠心，铸匠魂。茅台的工匠精神，在生产的全链条中循环流转。不只局限于制酒、制曲等核心工艺，而是从最初的原料遴选，到最后的包装出厂，整个生产过程中都有着精益求精的极致追求。比如，高粱生产基地，被称作第一生产车间。这里的高粱种植，严格遵循不打农药、绿色生产的要求。待高粱垂穗、丰收之际，粮食便进入了严苛的三级监测环节。以此类推，茅台生产可谓处处极致，处处匠心。

顺天敬人、道法自然。工匠精神的传承，是历代茅台人的重中之重。近年来，茅台一直在提倡"大国工匠"，把工匠队伍视为茅台高质量发展的底座。

围绕工匠的培养，茅台制定了许多制度，比如师带徒制度。茅台的工匠精神，是历代酿造者传承下来的宝藏。老工匠对茅台的情结、对工艺的理解认识，通过言传身教传递给徒弟，沉淀为茅台珍贵的精神遗产。此外，还有工匠八步培养及劳动竞赛制度。在重视工匠培养和传承之时，茅台还同步完善管理技能、专业技能双晋升通道，让工匠有努力的方向和动力。

一直以来，茅台都非常注重讲述工匠故事，传承工匠精神。茅台传承着中国最古老的酿酒技艺，是白酒酿造工艺的"活化石"。传统工艺，贮足陈酿、不卖新酒，工匠精神的符号构筑，凸显了茅台产品的精神价值。工匠酿造的纯粮美酒，让消费者在酒类市场中认识到好酒的含义。这不仅提升了消费者对酒的审美，也夯实了茅台美誉力的基础。

手工匠作的美学

人们在物质生活得到基本满足后，会在精神层面产生更高的追求。过去经济不发达的时候，中国人的购物消费以实用性和耐用性为主。但是随着消费升级，人们在购买商品时，开始追求个性化、追求健康，甚至上升到生活美学的层面，这些都是精神追求提升的表现。

一般来说，生活美学属于哲学范畴，可浅显理解为从生活的角度，将艺术与生活结合在一起，最终使得生活变得更加具有艺术感。放大来看，生活的美学并不是局限于某一个场景，

也不是富裕者的独享，每个人的生活中都能产生美。简简单单地在墙上挂一束花，辛苦劳作后犒劳自己一顿美食、一壶美酒……这些都是普通人生活中的美。美无大小，更无高低，都是人生的锦上添花。

茅台酒中蕴含的手工匠作美学，与消费升级中的个性化需求完美契合。自工业革命以来，批量的流水线操作一方面提升了生产效率，另一方面也抹杀了产品的个性。但手工产品不是这样。人是情感丰富的生物，在不知不觉中会将情感注入手中的产品。七情六欲，喜怒哀乐，情感的变化使产品变得更加立体、丰富，富有人情味。

茅台酒的生产便饱含人情。茅台既具有现代企业生产的共性，也具有显著的个性化特征。在茅台，酒的生产酿造保留了农耕时代手工酿造的美感，颇具美学特征。30道工艺，165道工序，一瓶茅台酒需要经由8 000多个工人至少5年的匠心雕琢。就像人的一生，要经过磨砺，才会有所悟。工匠的力量，让人与酒得到了统一。

当然，在茅台的工艺体系中，有一些非核心的生产工艺，已经可以不再使用人工。比如，包装中拴红丝带的工作，完全可以尝试机器替代，但茅台一直坚持人工拴丝带。

其中有两个原因：第一，人工操作让茅台酒在机械化商品泛滥的年代，还保有人性的温度。第二，即使科技再发达，也有其不能尽善尽美之处。

红丝带是茅台手工美学的典型代表。当红丝带在包装工人的指尖穿梭，垂在瓷白的瓶身上，就与瓶中的茅台酒相互应和，勾勒出手工匠作的美感。

茅台酒的包装优美经典，瓶身色调和谐，充满审美情趣。1986年，贵州茅台就曾获"亚洲之星"包装奖。第一眼看上去，在视觉上就是美的。但茅台酒的美不只是在外表，还在于工匠为酒体本身带来的感染力。工匠塑造了茅台酒本身幽雅、高贵的品质。只有内外兼修，才不会沦为金玉其外败絮其中的产品。茅台酒也是这样，注重酿造工艺，保证酒的品质是其对内的修炼。而注重包装，在酒瓶工艺中传承茅台美学，延续工匠精神是对外的磨炼。如此，茅台酒的形式美和酒体美合二为一。

1986年，贵州茅台酒获"亚洲之星"包装奖

茅台手工匠作的美学，引领了酱香酒的生活美学。酱香酒的工艺特点，无论是纯天然、不添加、贮足陈酿，还是时间赋予酒的醇香和厚重，都是匠心独具的慢和美。酒是人们和世界握手言和的一个媒介，酒以忘忧，酒以成欢，酒的情绪和情感性在匠作中得到了传递。

在茅台酒的品鉴过程中，手工匠作的美学得到集大成的体现。幽雅醇厚的口感，丰富而多层次的香味，挂杯的美人泪，空杯留香的余味……中国的传统审美在一杯酒中展现得淋漓尽致。

手工创造对于品牌而言，是一种独有的味道。工匠勾勒了茅台酒的高品质轮廓，让茅台酒成为人们对美好生活的一种向往。高品质的符号化，由其产品的精神内核发生，之后演变为一种生活美学，形成独特的"茅台味"。

茅台构筑的工匠精神符号，增加了商品中美的层次。这让茅台酒不仅仅是一瓶酒，还呈现出超脱物质而归于物质的形态、游于精神而现于精神的品位。匠心深处，方成茅台。

历史的见证者

红色茅台

"第五次反围剿"失败后,中国工农红军实行战略转移,开启了 25 000 里长征。赤水河边茅台镇的特产——茅台酒,也在这时与中国红军产生了交集,种下了红色文化的种子。

这期间,有两件事广为流传,一个是当时的熊伯涛参谋长非常喜爱茅台酒,写下赞美茅台酒的文章。另一个是红军将士在缺医少药的情况下用茅台酒代替医用酒精擦拭伤口,并饮茅台酒镇痛。

1935 年,红军第三次横渡赤水时期,曾经从鲁班场向茅台镇撤军。连日的行军作战使战士们的脚被草鞋磨破了,再加上茅台镇周边的天气非常潮湿,很多战士的脚都烂了。但是因为缺医少药,他们只能忍痛前行。

熊伯涛来到茅台镇,发现了当地还存有茅台酒。茅台酒获

巴拿马万国博览会金奖的盛名众人皆知，本就爱喝酒的熊伯涛更是喜不自胜。他开心不仅是因为美酒难得，还因为高度茅台酒可以作为医用酒精的替代品。当时，茅台酒的度数较高，对缺少治疗外伤用的红、紫药水的红军而言，这是代替药物对伤口进行消毒的极佳选择。同时，烈酒擦脚还能起到舒筋活血的效果。

此次红军第三次横渡赤水经历了一场鏖战，众多将领负伤。驻扎茅台镇的当晚，指战员们向老乡买来茅台酒，会喝酒的细细品尝，不会饮酒的战士们也都分到了一些茅台酒用于给伤口消毒、治疗血泡，缓解腿脚疲劳。

如此就留下了熊伯涛与将士同饮的佳话。

在茅台镇稍作休整之后，红军再度开拔，成功再渡赤水，为之后的胜利打下了基础，四渡赤水也成为红军长征中的战略转折战役。

熊伯涛回忆起茅台镇往事时，特意将四渡赤水，以及与将士同饮茅台酒的经历写进《茅台酒》一文中。这篇文章影响很大，1937年被巴黎《救国时报》转载，后来被《红军长征记》收录，甚至为中华人民共和国成立后茅台酒商品名称的确立提供了依据。

赤水河畔飘着酒香的茅台镇，见证了红军疲惫而来，也见证了红军重整旗鼓再出发。茅台镇最繁华处的红军四渡赤水纪念塔、纪念园悠悠地向人们诉说着那段红色的岁月。

第一次国宴

茅台酒是与历史同在、与祖国同行的酒，它在诸多重要的时间和场合中见证了中国经济、政治、科技的发展，这使其历史和文化底蕴有了新的解读。

对于曾长期处于战乱之中，饱受封建主义和列强压迫的中国人民来说，1949年10月1日是一个永远值得纪念的日子。中华人民共和国成立于这一历史时刻，从此，人民开始当家作主，过上好日子。

典礼结束后，新成立的中央人民政府在北京饭店举行晚宴，这也被人们称为开国第一宴。伴随着欢快的迎宾乐，中方领导人、社会各界代表人士和外国友人陆续入场，共计约有600名中外宾客前来参加这一盛大的宴会。

宴请各国宾客需要以最具有代表性的味道展现中国特色，又要调和五湖四海的口味。宴会上，茅台酒被选为国宴用酒，每个人的酒杯里都盛着清亮的白酒。在这个快乐的时刻，饮用一杯芳香醇厚的茅台酒，就是喜悦之情最好的释放。

茅台酒能被选为开国大典宴会主酒，是因为茅台酒极具纪念意义。茅台酒本就拥有优异品质、独特工艺，能够展现中国特色。红军在长征途中与茅台酒结下的不解之缘，又使其成为红色传奇的见证者。

不忘历史，不惧来路，开天辟地，继往开来。茅台酒不仅见证了中国共产党的成长史，还见证了一个人民当家作主的国家的冉冉升起。

庆祝回归，祖国之光

茅台和港澳地区的渊源深厚，茅台酒不仅在当地广受欢迎，还被同胞称为"祖国之光"。茅台借助港澳地区的国际性港口将茅台酒运送到世界各地，而且茅台酒还见证了香港、澳门回归的历史性时刻。

在建厂初期，茅台酒厂属于单纯的生产型企业，在开拓海外市场时，还需要借港澳经销商之力。此后，随着改革开放的不断深入，持续壮大的茅台酒厂加强了和港澳地区之间的合作，在香港成立酒文化协会，以传播茅台文化、覆盖东南亚市场，此后又在澳门建立专卖店。

在香港、澳门回归的荣耀时刻，也有茅台酒的见证。

1984年12月，英国首相撒切尔夫人踏上中国的土地，签署《中英联合声明》，承诺于1997年归还香港给中国。这一声明，为香港回归铺平了道路。签字仪式结束后，中方在北京人民大会堂宴会厅宴请撒切尔夫人和她的代表团，国宴用酒依然是茅台。茅台酒香醇，在场外宾连声称赞这是好酒。

1997年7月1日零时，香港正式回归祖国，中国政府对香港恢复行使主权。为了庆祝这一难以忘怀的时刻，茅台推出了第一款限量纪念酒——"纪念香港回归"茅台酒,这款酒背标有香港回归1997的字样,共发行1997瓶——茅台以自己的方式,庆贺香港回归。

1999年12月20日,澳门回归,茅台也推出了纪念澳门回归茅台酒,庆祝又一历史性的时刻。

香港、澳门回归的祝贺酒,不仅见证着祖国的强大,沉淀着喜庆和喜悦,更提醒了中国人勿忘沧桑的历史。

奥运会的印记

茅台与2008年北京奥运会结缘深厚。茅台纪念酒不仅为北京成为"奥运之城"增添光辉,更成为中国百年强国的历史见证者。与"奥运"的深度连接,也让茅台的正向符号体系再添光彩。

对中国人来说,举办奥运会的重要意义不言而喻。早在1984年洛杉矶奥运会上,中国就萌生出自己举办奥运会的想法。接连两届奥运会落选后,2001年7月13日,北京终于申奥成功,举国沸腾,上千万人走上街头,共庆这一历史性的时刻。

承办奥运会,是中国实力增强的最佳体现。北京奥运会是国际盛事,也是中华人民共和国成立以来最重大的事件之一。一直心系祖国的茅台在申奥成功后,发行了一款"庆贺北京申奥成功"纪念酒。同一年,在中国加入WTO的节点性时刻,茅台也推出了"入世"喜庆酒。

在很多令中国人自豪的重大历史事件发生时，茅台都推出了纪念酒，茅台酒已经成为饱含中国人热情的正向符号，更见证了中国的百年崛起。

中国世博梦

20世纪80年代中期，我国有关部门就开始研究世博会申办的工作。在追梦世博的道路上，中国一直奋战，终于在经历十年申办、数年准备后，2010年在上海举办了这一盛事。而茅台则成为中国追梦世博路上的陪伴者，以及圆梦世博的见证者和助力者。

世博会每五年举办一次，是全世界文化、经济、科技领域的盛会。它是一个宏伟的舞台，展示着世界各国的新成果和发展前景。

茅台和世博会有深厚渊源，从1915年巴拿马万国博览会以来，茅台酒在国际视野中一直广受关注。而此次世博会由中国举办，茅台实现了身份的转变，从参会者摇身一变成为上海世博会的助力者。

2009年5月4日，茅台集团正式成为上海世博会白酒行业高级赞助商，茅台酒成为上海世博会唯一指定用酒。

作为中国民族品牌的代表,茅台提倡的"酿造高品质生活"理念和上海世博会倡导的"城市,让生活更美好"十分契合,这让茅台集团有机会为上海世博会的成功举办贡献自己的力量。茅台世博纪念酒也以独特的方式记录下中国的辉煌时刻。

白酒航天梦

茅台同样和中国航天的大事联系在一起。

茅台不仅曾推出航天纪念酒,其酿酒原料一度升入太空,还支持中国航天事业,为北斗卫星的升空献力。

2003年,在得知国家要发射"神舟五号"载人航天飞船后,茅台便积极和中国长城工业集团有限公司联系,希望将茅台酒三大原料送上太空。2003年10月15日,中国第一艘载人航天飞船"神舟五号"在酒泉卫星发射基地成功发射,中国成为国际社会上第三个掌握载人航天技术的国家。此时,酿造茅台酒的三大原料——小麦、高粱和曲药也和"神舟五号"飞船一起升入太空,飞向浩瀚无垠的宇宙,实现了白酒航天梦。在返回地球后,国家相关技术人员对三大原料进行了分析,之后,茅台的科研人员展开了太空诱变育种的研究。

航天高粱5号籽粒

从传说中的嫦娥奔月，到明代万户的首次航天尝试，中国人历来就有航天梦想。作为中国第一艘载人航天的飞船，"神舟五号"的成功，意义非常深远，它完成了中华民族数千年来的"飞天"梦想。为此，茅台还推出航天纪念酒，庆祝这一重大事件。

载人航天技术的突破，极大地推动了中国的科技进步。中国人拥有了自己的核心航天技术，极大地提升了民族认同感和自豪感。茅台酒不仅和所有中国人一样，成为中国航天发展史的见证者，还深度参与其中，共同被镌刻进历史的篇章中。

2019年，茅台第二次拥抱航天。茅台和珠海欧比特宇航科技股份有限公司合作，希望通过卫星建设大数据分析网络。有了这一网络，茅台便可依靠卫星进行天地空一体化动态检测，其检测范围包括：自然资源、高粱种植、估产管护、赤水河流

域水源和土壤检测、生态环境保护检测等工作。㊀

2019年9月19日，长征十一号运载火箭成功将"珠海一号"03组卫星发射升空，这组卫星中编号为"OHS-3B"的高光谱卫星还被命名为"飞天茅台"。

两次结缘中国航空的茅台酒，见证了中国航天事业的崛起。在见证历史、见证中国崛起的同时，茅台构筑起一个个正向符号，见证重大历史事件的发生。这些历史事件和茅台之间深度关联，与茅台酒相融，赋予茅台丰富的历史意义。

㊀ 摘自《和神舟飞船一起升空！白酒航天梦：茅台酒曲上太空，新派酒企在火箭上打广告》。

中国名片

走向世界的民族品牌

在日益发展、不断变化的今天,中国在政治、经济、文化、艺术、科学等诸多领域都创造了惊人的成就。这些成就和发展凝聚在一些具体的事物上,例如C919大型客机成为我国装备制造力的名片,港珠澳大桥的落成代表着圆梦、自信和复兴。而茅台酒作为中国酒文化的典范,也是一张不可复制的中国名片。

1915年起,茅台酒就带着民族工商业杰出代表的光环走向了世界,获得1915年巴拿马万国博览会金奖,具有重要的历史意义。在那个风雨飘摇的年代,中国百姓刚经历丧权辱国的"二十一条"的悲痛与愤怒。茅台作为中国民族品牌,凭借着优秀的品质,获得国际的认可,这是对中国人民精神的巨大鼓舞,也是中国品牌走向世界的开端。

2015年11月12日，茅台在美国旧金山举行了一场庆祝"金奖百年，香飘世界"的盛典，纪念茅台酒在100年前荣获美国巴拿马万国博览会金奖。

庆典现场人声鼎沸、觥筹交错，每位华人脸上都洋溢着自豪的笑容。因为这场庆典庆祝的不仅是中国民族品牌走向世界，更是中国国力的逐步强盛。茅台集团将庆典地址选在旧金山艺术宫，因为这里曾是巴拿马万国博览会的举办地，是茅台香飘世界的第一站，也是中国白酒品牌走出国门的开端。

今天，茅台品牌已经多次问鼎全球烈酒品牌价值排行榜，成为其他国家的人们认识中国的一个重要元素。2015年，茅台还入选世界品牌500强，成为民族品牌走向世界的典范和代表。

借助"一带一路"的历史机遇，茅台又向非洲等地区持续传播中国文化，将文化影响力继续扩大。文化是最能跨越交流障碍、触动人心的渠道。在讲述茅台故事的同时，中国酒文化、贵州多彩民族文化也传播开来。如此，茅台与中国文化之间的关联也不断加深，茅台品牌成为国际舞台的一张中国名片。站在全球视野，茅台提升海外知名度，既能弘扬中国文化，让中国悠久的文化走向全球，还能提升中国的国际形象。

见证外交大事件

中华人民共和国成立以来，茅台无数次参与和融入国家外

交活动，见证着中国在外交舞台上的辉煌与荣光。不论在国外还是国内，用地道的茅台酒招待异国的客人，已经成为一道特别的风景线。正是如此，在今天广为流传的中国外交策略中，就有一项是"茅台外交"。

1949年12月，中国领导人前往莫斯科，在为斯大林祝寿所带的礼品中就有茅台酒，次年2月，两国签订了《中苏友好同盟互助条约》。签约当晚，领导人举杯共饮茅台酒以庆祝这一历史时刻。

1954年，为和平解决朝鲜问题、恢复印度中南半岛和平局势，中、美、英、法等国在日内瓦举行了会谈。日内瓦会议是中华人民共和国成立后，首次以五大国之一的身份参加的国际会议。此次会议中，周恩来总理以惊人的才智展示了大国外交家的风范，并在回国汇报时提到，助力他外交成功的有"两台"："一台"是茅台酒，"一台"是电影《梁山伯与祝英台》。

此后，茅台作为一张响亮的中国名片更是频频出现在我国外交的舞台上，见证了一个又一个属于中国的重大历史时刻。

1960年5月，在宴请越南胡志明主席时，选用的生日酒便是茅台酒。

1972年，美国总统尼克松访华，茅台酒见证了两国长达22年的"坚冰"的悄然消融。此后茅台酒更是在全球刮起了一股热潮。同年9月，日本首相田中角荣访华之际，中国政府亦选择用茅台酒招待这位邻邦的客人。

1984年，在设宴款待英国首相撒切尔夫人时，中国政府再一次选择了茅台酒。1986年，英国女王伊丽莎白二世访华期间，中国政府也以茅台酒款待对方。

多年来，作为中国对外交往的重要见证者，茅台始终扮演着重要角色。在一个个划时代的历史事件中，茅台见证了中国愈加强大的民族自信心与自豪感，并成为一张飘香世界的中国名片。

中国出口广告一等奖

好的广告，是产品的名片。

1987年6月，茅台获得了中国出口广告一等奖。

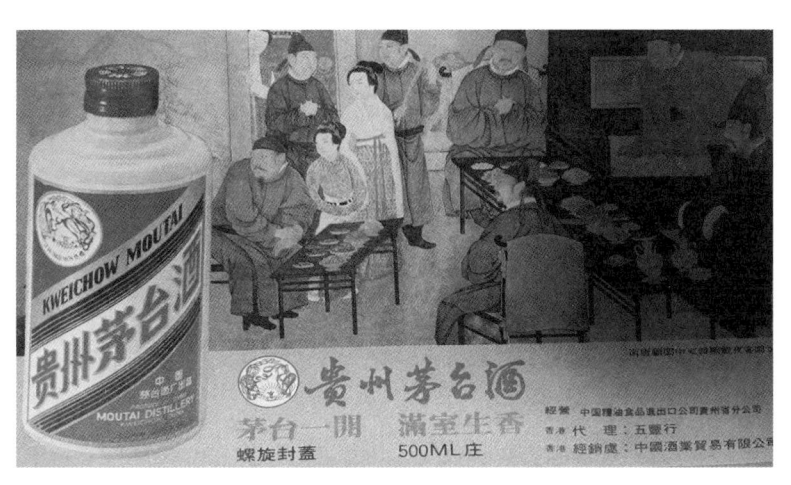

1987年，贵州茅台酒获中国出口广告一等奖

茅台的获奖广告选用了南唐画家顾闳中名画《韩熙载夜宴图》的局部，聚焦在韩熙载和满座宾客一齐看向左侧琵琶独奏的情景。这幅广告的妙处在于一瓶茅台酒出现在画面的最左侧，宾客和主人的眼光全部聚集在茅台酒上。在画面下方的一句广告语成为这则广告的点睛之笔——"茅台一开，满室生香"。

在茅台广告获得金奖之后，"茅台一开，满室生香"传遍东南亚，远播海外。这让"茅台一开，满室生香"这则广告成为一张茅台名片，也成为中国名片。

这则广告之所以能够获得金奖，并且在全世界广泛传播，是因为它用一瓶酒和一幅画打通古今，表达中国特色，连接人与人的共情。而"茅台酒"和"夜宴图"相连接的两个点是文化精髓和宴饮之风。

第一，文化精髓是指一瓶茅台酒背后浓缩的中国千年农耕文明的人文精髓，而国画《韩熙载夜宴图》是中国文化精髓的缩影。

一瓶茅台酒需要经历八次发酵、九次蒸煮、七次取酒，历经至少五年的时间才能出厂。这样的工序和流程是对茅台百年酿造工艺的沿袭，是茅台人对原料、环境、自然的尊重和敬意，是一种仪式。因此，一瓶高质量的茅台酒中蕴藏着它的酿造传承、人文精神、地域文化、历史变迁，一瓶茅台酒就是茅台文化的具象体现，是中国酒文化的具象体现。

《韩熙载夜宴图》也是如此。它是中国十大传世之作，画中人物栩栩如生，仿佛将古人的音容笑貌一同画了下来，被历代帝王珍藏。这样一幅绝世画作代表着中国传统审美、中国古代最高的绘画水平，凝聚着中国文化精髓。

第二，宴饮之风恰好是茅台酒和《韩熙载夜宴图》的相互呼应。中国自古以来就有宴饮风俗，有宴就有酒，而画中所呈现的名士风流，正是古代人生活方式的一种典雅表达。

这则广告借用这种富含中国美、展现中国君子礼仪的画面，传播茅台提倡的科学饮酒理念，将高品质生活和饮酒相结合。这既将茅台酒的高品质表达了出来，也营造出了一个饮酒的场景，同时让人们感受到茅台酒艳惊四座的气质。

因此，茅台这则广告是一张别开生面的中国名片，它凝聚了中国文化的精粹，展现了中国的魅力，从而能在1987年传媒行业还不发达时一举获得中国出口广告一等奖。

中华善美的缩影

在中国，白酒历史悠久，酒文化丰富深厚。在传递美酒的同时，茅台酒还传递着丰富多彩的中国文化。在茅台海外品鉴会中，独具特色的中国风装饰和图案让人眼前一亮。身着中式服装工作人员对茅台酒的介绍，更是引人入胜。

中国酒文化城白酒墙（局部）

在众多文化传播形式中，茅台不仅选用视觉、听觉等传播形式，还以讲故事的方式加深西方消费者对中国文化的理解。其中，茅台仙女献酒的故事广受欢迎。

千年前的赤水河畔，有个美丽的村庄，这里的人们安居乐业，喜爱饮酒并且善酿。有一年寒冬，大雪纷飞，雪地中一位衣衫褴褛的姑娘，无处落脚，求助无门，偶然间被村中一户老夫妇收留。这对老夫妇还拿出了自家酿制的酒款待这位姑娘。当晚，老翁就梦到一个身着盛装的仙女从天而降。梦中，仙女告诉他，用赤水河的水酿酒就能得绝世佳酿，比村子里任何酒都要好喝。第二天，老夫妇二人起床时发现，昨夜收留的姑娘已经消失。而老夫妇也按照梦中的指示开始酿酒，不仅真的酿出了更好的美酒，还逐渐地改善了生活条件。他们将酿出的酒分给村里人喝，村民也都赞不绝口。他们这才明白，这是仙女的报恩。而这佳酿就是之后的茅台酒。

这个关于茅台的神话传说带着浓重的中式礼教特点。故事将老人的善良、慷慨等美好品质和得到美酒联系在一起，构成因果关系。在赞颂茅台酒味道绝伦，唯有天上才有、神仙才能喝之余，还为茅台酒注入了中国人的品格。中国人讲究"君子如玉，玉如君子"，就是指美好的事物不仅拥有美丽的外表，而且具有崇高的品格。

茅台选用敦煌壁画中的独特文化符号乾闼婆和紧那罗作为"飞天"商标，将其中蕴含的东方文化传播给西方消费者，让西方消费者在品评美酒的同时，领略东方文化。在传统文化下衍生的茅台酒，走出国门时就是一张响亮的中国名片，不仅慷慨地为世界带去美味佳酿，还带去了东方文明，以及它厚重、美好的深层寓意。

坚守经营的本质

为消费者创造价值

随着消费升级,具有竞争力的企业不断涌现。传统以卖方为起点的价值链逻辑开始重组,演变为以消费者为始发点的现代价值链。

在新的价值链逻辑中,企业与消费者之间更像是共赢的合作关系。对于企业而言,其本质是营利,消费者的金钱与时间就是价值;对于消费者而言,企业提供的产品、服务等也是他们所寻求的价值。正如"价值守恒"定律,企业创造的价值最终会反馈回本身,这也是企业能够生存与发展的重要原因。

因此,满足消费者的诉求,为消费者创造更多价值,让消费者一如既往地支持和忠诚于品牌,成为企业经营的发力点。

为此,企业要不断提升产品的质量。从根本上说,企业之所以能够在残酷的市场竞争中存活,并获得一批忠实消费者,是因为它拥有极具核心竞争力的产品，能够满足消费者的相应需求。白酒行业属于食品饮料行业，食品安全与健康一直是消费者最为关注的问题。纵观历史，不少同行企业在发展过程中一味追求扩大规模，忽视企业赖以生存的质量，竞争力由此削弱，有些企业甚至因此退出市场。

产品质量是创造一切附加价值的稳定基础。始终竭尽所能酿造一瓶好酒，为消费者创造价值，是茅台几十年来持续发展的核心支撑。自始至终，茅台都视质量为企业发展的根本，更以"四个服从"来强调质量始终在发展的第一位，即成本服从质量、产量服从质量、效益服从质量、生产速度服从质量。由此可见，坚守质量已成为茅台人不可改变的观念，也成为茅台人世代传承的优良品质。

正是在"质量第一"的引领下，即使在面临同行企业以量大、规模大的方式快速铺开市场的威胁时，茅台也从未在质量上有过动摇，而是始终坚持传统茅台酒酿制工艺，酿造出一瓶瓶"时间的玫瑰"，使得每一滴茅台酒都具有酱香突出、幽雅细腻、酒体醇厚、回味悠长的口感特点。与此同时，茅台坚持在保障质量的前提下扩产，以可持续发展的科学视角，逐步加强配套设施的建设，开始有阶段、有目标地扩产。迈着稳健的步伐，茅台在保证质量的前提下，不断突破产能新高，满足更多消费者的需求。

服务同样是为消费者创造价值的重要组成部分。如今，消费者越来越重视服务的质量，有时消费者对产品服务的期许甚至高于产品本身。服务不再是产品的附属。企业在经营中，若要为消费者创造优质价值，势必要在服务质量方面发力。设想一下，当消费者为深入了解产品而咨询相关服务人员时，若因为服务人员态度或专业水平不达标，而降低了消费者的购物体验感，即便产品本身再好，也会在消费者心中留下负面印象，谈何为消费者创造价值？

因此，茅台也在持续提升服务质量。早在20世纪80年代，随着市场化的纵深发展，我国国有企业逐渐拉开改革序幕，以茅台为代表的白酒企业真正参与到市场竞争中时，为拓展市场，茅台就逐渐树立起"生产围绕销售转、销售围绕市场转、市场围绕顾客转"的营销观念，并制定了营销队伍的具体要求。其中，茅台多次强调提升服务，比如改进服务质量，推动服务到位。

在此后实践中，茅台始终视消费者为上帝，并总结归纳出"八个营销"策略，即工程营销、文化营销、感情营销、诚信营销、网络营销、服务营销、个性营销与事件营销，而服务始终是这一营销策略的重点，几乎贯穿于全部。

2016年，我国白酒行业逐渐从深度调整中苏醒，整体进入消费升级时代。值得注意的是，消费者购买模式的变化，将推动产品流通渠道的变革。因此，在追求高质量的时代，茅台将高质量服务贯穿于全流程，即从生产到销售，消费者都能切身感受到茅台的"服务者"定位。

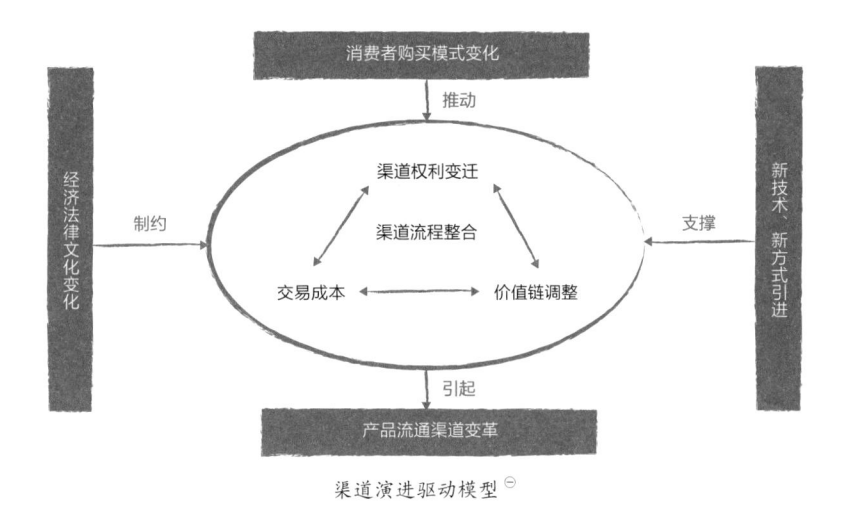

渠道演进驱动模型

为提升服务质量，自2016年开始，茅台先后对经销商进行了两轮淘汰，将"三违"与不具备竞争力的经销商清理出局，为推动高质量服务打下了坚实的基础。与此同时，茅台还通过实地考察、商务谈判等多种方式，寻找新的销售渠道，比如商超与电商的拓展，使得销售渠道更为扁平化，极大地改善了消费者的购物体验。"一进一出"策略的双向合力，是茅台提升服务体系不可或缺的部分。

为进一步推动服务体系的建设，茅台还针对部分员工服务意识淡薄的问题，在终端销售队伍中，从客户产品服务满意

○ 全球酒业发展报告编撰委员会. 2018全球酒业发展报告[M]. 北京：中国商务出版社，2018.

度、忠诚度、品牌美誉度等维度，建立起客户定期调查的机制，并集中收集客户的诉求，以提升服务质量为目的构建审查体系，以奖惩机制予以规范。不仅如此，茅台还会派遣市场业务骨干奔赴市场一线，协助各个自营公司在加强茅台酒销售的同时，树立服务意识、提升服务质量，进一步为消费者创造价值。

终端服设也是茅台持续建设的。茅台主要从四个方面提升终端服务能力：增大供应量，提高购买便捷性，维护正品率，建设直营渠道。

第一是增大供应量。为改善茅台酒"一瓶难求"的局面，保障茅台酒市场供应量充足，在2019年12月，为应对即将到来的春节，茅台向市场投放了7 500吨茅台酒，使消费者能够普遍感受到茅台酒在春节的供应量明显提高，基本上在各大小经销商店铺内都能购买到茅台酒。

随着茅台酒产能不断提升，其供应量也在稳步增加，茅台同时着力打造价格稳定的优势，从而增强终端服务质量。

第二是提高购买便捷性。自2016年开始，茅台先后与电商平台合作，同时开始尝试自己搭建网络平台。让"互联网＋"和销售渠道结合，形成消费升级时代的渠道创新。

第三是维护正品率。茅台在搭建网络平台的同时，引入区块链技术，这样就能为消费者创造一个茅台正品防伪溯源中心。

第四是建设直营渠道。直营渠道的扩充建设，是茅台构建一流服务体系的重要一环。它的完善成熟，对茅台营销扁平化具有重要意义——减少中间环节，平衡利益分配，平抑终端价格。因此，它是茅台调节市场价格、规划产品投放比例的关键调节器，能够使茅台在调节产品市场上占据更多主动权。2022年3月31日，茅台官方App"i茅台"正式启动试运行，受到大众热烈关注。消费者每天可在"i茅台"预约申购茅台相关产品。上线一周后，就累计有超4 500万人次参与预约申购，增长势头猛烈。截至6月14日，"i茅台"已实现营业收入超30亿元。截至2022年7月9日，平台注册用户数达到1 900万人，每日预约申购用户逾280万人。线上直营渠道的开通既让消费者购买茅台产品更便捷，也让茅台更了解消费者，掌握更多市场主动权。

商业的本质，就是用最好的产品与服务为消费者创造价值，这与茅台追求的"做全国一流产品、树全国一流品牌、创全国一流服务"紧密贴合。为消费者创造价值，是茅台发展的不竭动力，与此同时，正如新价值链的逻辑，消费者也会给予茅台正向反馈，持续为茅台赋能。

在未来，茅台依旧会深化营销体系改革，保持归零心态，抓好创新和改革，在新时代谱写新的篇章。

企业需要做好经营

从企业端来说，创造利润是企业的生存底线。对茅台而言，在保证企业始终处于营收正增长的前提下创造更多利润，是绘制未来蓝图的基础。

一直以来,茅台始终在做好经营的道路上砥砺前行。根据官方年报数据,2021年贵州茅台实现营收1 061.9亿元,同比增长11.9%,实现净利润524.6亿元,仍然稳居中国白酒企业总营收首位。

扭亏为盈

在历史发展中,茅台曾经历过长期亏损的状态。二十世纪六七十年代,茅台陷入内外交困的窘境。外部社会环境混乱无序,导致茅台酒厂长期处于资源匮乏、生产原料紧缺的状态。茅台酒厂内原有的生产秩序和领导机构受到严重冲击,这使得茅台仅仅能够维持基本的生产运转,无法完成国家每年的既定指标和计划。在1962年到1977年,茅台共生产6 751.5吨茅台酒,致使连续多年亏损,亏损高达444万元。㊀

彼时的茅台,不仅在生产方面丧失主动权,甚至在企业定价权、经营拓展和扩张的权限上也遭受辖制。计划与现实之间的巨大鸿沟,致使茅台的销售价格在很长一段时间内始终低于出厂价格,形成严重的倒挂情况,最终无可避免地陷入了长达十六年的亏损循环当中。

1978年,时任茅台酒厂的领导班子,为了减少亏损、挽

㊀ 中国贵州茅台酒厂有限责任公司. 中国贵州茅台酒厂有限责任公司志[M]. 北京:方志出版社,2011.

回利润，先从员工队伍建设着手，在厂内号召开启"工业学大庆"式的企业整顿活动，针对技术岗位进行培训和练兵，并在此基础上加强对员工的作风引导、操作规范、管理制度建设等。此外，通过系统机制调动内部员工生产积极性，大力配合贵州省工业厅的生产整改调试工作，全厂职工连续百日奋战在酿酒生产一线。终于在1978年年底，一举扭转酒厂颓势，产量突破千吨大关，达1 068吨，销售620吨，实现利润6.5万元，上缴税金302万元，终止了连续16年的亏损。

1978年改革开放大幕拉开，茅台扭亏为盈，并搭乘改革东风，开启了加速发展的引擎。1982年，茅台酒厂的年产量达1 181吨，销售收入达1 288万元，企业利润较往年增长了一倍以上。十二年后，1994年，酒厂的年产量就已达3 390吨，销售收入近4亿元。[一]在改革开放持续的数十年间，茅台一直保持着良好的经营态势。

拥抱市场化

改革开放后，全国经济建设的高潮到来，市场消费需求不断扩大。1985年前后，中高档白酒一夜之间在市场上供不应求，中国白酒一度迎来繁荣高涨的发展盛况。但1997年爆发亚洲金融危机后，我国开始实行财政紧缩政策，宏观环境变化，白酒行业销量下跌。市场销售下降的同时，中国白酒行业又遭遇

[一] 中国贵州茅台酒厂有限责任公司.中国贵州茅台酒厂有限责任公司志[M].北京：方志出版社，2011.

"标王"秦池酒勾兑事件、朔州假酒案事件，整个白酒行业因此进入深度调整期，茅台酒厂也陷入经营困境。

1998年1月，本是白酒销售黄金期的春节，也因这一年白酒行业接连遭受打击，市场上的白酒销量不升反降。此时，茅台领导层意识到，企业对市场掌控力的缺失愈发明显。同年7月，一支茅台专业营销队伍，在全国各个一线城市迅速建立起销售网络，并与首批经销商逐步打通茅台市场营销渠道，扩大茅台的品牌优势，抢占市场先机。

这些危机中的举措为茅台营收步入下一阶段夯实了基础，也让茅台的高层开始反思茅台的营销体制及经营的安全性等诸多问题，意识到现代企业体制应当继续推行下去，只有新的营销管理手段才能让茅台更好地应对市场化中的瞬息万变。于是，茅台高层做出了上市的决定。当时，众多酒企已经上市，其中山西汾酒更是占据先机，成为中国白酒第一股。因此，茅台需要加快上市的步伐。

这样一来，已经完成了现代企业体制改革的茅台集团，经贵州省人民政府的批准，新组建了茅台酒股份有限公司，并在1999年12月22日召开了股东大会。在经过重组后，建立了其各自独立的生产、供应、销售和经营管理体系。至此，茅台集团已经完成了向股份公司的转变，接下来需要做的就是筹备"贵州茅台"上市。

2001年8月27日，贵州茅台在上海证券交易所挂牌上市，发行价为31.39元。㊀上市之后的茅台一路高歌猛进，在2003年实现产酒量突破1万吨。至此，茅台开始了和五粮液的追逐。在2005年6月，贵州茅台总市值首次超过五粮液；同年，净利润超过五粮液；2006年，53度飞天茅台酒市场零售价超过经典五粮液。在2007年，53度飞天茅台酒出厂价又超过了经典五粮液；在2008年，营收首次超过五粮液。㊁

从茅台此后的发展可以看出，茅台酒股份有限公司的成立，充分利用了各方股东的优势和资源，将茅台的品牌价值向其他领域延伸。截至2008年12月31日，茅台已拥有全资、控股、参股等子公司30余家。㊂茅台涉足的业务也不断扩大，企业总资产达到160多亿元。

在企业"十一五"战略计划实施期间，茅台将万吨技改项目提上了日程。在原有基础上，针对生产一线的设施和部分技术进行改造，并持续加大对辅助配套设施和现代化厂区落成的建设力度，成功推动茅台的营收突破百亿大关。2010年，茅台营业收入达116.33亿元，实现里程碑式跨越。这不仅为"十一五"战略规划画上完美句号，也为其"十二五"战略规划启幕筑基。㊃在2013年，茅台实现了全面超越，成为行业龙头。

㊀ 中国贵州茅台酒厂有限责任公司.中国贵州茅台酒厂有限责任公司志[M]．北京：方志出版社，2011.

㊁ 摘自市界《茅台上市20年：造富、封神与跌落》。

㊂ 舒淳．大国酒魂：见证国酒茅台奇迹[M]．中央文献出版社，2011.

㊃ 摘自同花顺财经《贵州茅台：营收首过百亿派现两市居首》。

转型破千亿

在跨越百亿营收关口之后,茅台开始转型,实现多方面的改革,而且这场转型会一直持续下去。转型的起点是2012年,受宏观政策影响,白酒行业的经济环境急速下行,行业进入深度转型期。彼时的茅台,刚刚以压倒性的产品出厂价优势,使"茅五"双方持续数年的行业争冠初见分晓。虽在上升期猝然遭逢行业变故,茅台却没有自乱阵脚。当时,许多酒企通过降价"断尾求存",而茅台始终坚持不降价,没有丝毫动摇。正是得益于此,在这场"疾风骤雨"消散过后,茅台作为行业头部企业的身份更加牢固。2015年,茅台营业收入达326.6亿元,年度基酒产量共5.07万吨,归属于上市公司股东的净利润达155.03亿元[一],盈利能力在同年年末就已经远超国际酒业巨头保乐力加,进入国际烈酒行业的第一梯队。

这就是茅台在白酒行业深度调整期的转型。在2012年到2015年,受国家政策影响,白酒行业整体下滑。而行业爆出塑化剂事件后,公众对产品质量问题的担忧,使中高档白酒的销量一落千丈。

在危急关头,很多酒企选择了降价销售,其中不乏一线酒企,例如,五粮液、剑南春,但这样的尝试没能让企业实现调整和转型。茅台则选择稳住高端价格、开发中低端白酒的方式

[一] 摘自茅台时空《茅台2015年营收326亿,利润155亿,预收暴增459.64%》。

来度过危机。这样的尝试，让茅台在2012年依旧实现稳速增长，创造了264.55亿元左右的营业收入，同比增长43.76%；净利润为133亿元左右，同比增长51.86%㊀。此后，众多白酒企业开始学习茅台。开发中低端产品，对准市场中的肩部、腰部消费力量逐渐成为白酒行业在调整期的普遍选择。

在深度调整期，不同白酒企业的应对策略各不相同，而茅台正是依靠调整期的韬光养晦，依靠双轮驱动战略，实现百亿元营收目标。

如果说跨越百亿之后的首次深度转型，奠定了"茅老大"的基础。那么，接踵而至的全面转型，则将茅台推向了千亿元营收的新境界。

茅台的第二次转型，是自企业内部向外衍生而来的。2017年茅台在维护品牌形象、提升品牌价值的方向不断发力。至此，茅台第二次深度变革开始，主要集中在品牌管理和市场管控两个方面。

在品牌管理方面，为集中品牌势能，茅台从2015年开始肃清低美誉品牌、撤销子公司。虽然子品牌和子公司大幅减少，但对茅台品牌正面形象的建设有积极作用。这为接下来实现全新的品牌矩阵进行了充足的准备。

在品牌矩阵和产品结构方面，茅台也开始实施全方位的调

㊀ 摘自蔡胤和林向的《去年净利同比增五成 贵州茅台欲求解中端》。

整。自2018年首次提出"双五"规划后，茅台将子公司品牌数缩减至5个左右，产品总数控制在50个以内，从而在"十四五"战略规划开局时期形成"1+3+N"的品牌矩阵。

在产品结构方面，茅台主要加大了茅台生肖酒的生产规模，形成3个品牌、7个产品的布局，也增加了生肖酒的市场投放。据相关数据，从2018年开始，茅台生肖酒的投放量大大超过了此前几年生肖酒的投放量，取得了可观的收益。

市场管控方面，茅台进一步维护其稳定的价格体系，从而避免过大的价格波动影响消费者对品牌价值的认可。

2018年，茅台酒的销量达到3.25万吨，加之稳定的价格管控，当年营收规模扩大不少。根据年报，2017年，茅台实现营业收入约582亿元，相比较来说，茅台2018年把营收规模一下拉升了168亿元，达到696亿元。

随着品牌瘦身红利的到来，茅台酱香系列酒的品牌价值不断提高，消费者认可度也节节攀升。茅台酱香系列带着"3万吨销量不变，争取实现80亿元营收"的任务，也在加速进行结构调整。不管是王子酒、迎宾酒，还是贵州大曲、汉酱等系列酒品牌，都通过产品结构的调整实现了单个品牌效益最大化。

这堪称茅台史上强度最大的结构转型调整，茅台规划布局和整肃"支流"的方式态度，与杰克·韦尔奇在改革通用电气时的风格有着异曲同工之妙。在短短数年之内，茅台快速发展，将上游原料供应商、下游渠道经销商进行了不同程度的筛查、缩减和再度纳新，剔除原有不作为、不符合茅台发展要求的合作方，吸纳了一批实力强劲、会拼敢闯的上下游合作伙伴。仅仅2018年，茅台的经销商队伍的削减数量就有数百家。

对内部定位杂糅、界限模糊、收益甚微等出现不同程度问题的品牌和产品，茅台也进行大刀阔斧的剪除和改制。截至2021年4月，茅台内部共缩减品牌190余个，清理冗杂产品高达2 900余款，号称"缩水海绵式"品牌结构优化调整。㊀此外，在消费市场把控方面，茅台的直营签约渠道和平台数量迅速攀升。

茅台的改革一直在持续，这使得茅台在2019年"十三五"战略规划的收官之年，顺利达成"千亿营收"目标。实际上，在20世纪70年代末成功扭亏为盈后，茅台始终以稳健的姿态，寻找获得利润的"最优解"。在逐年实现既定产能、效能的基础上，通过战略调整、产品结构优化等创新方式，逐步跨越营收百亿元、千亿元大关，缔造"千亿茅台，百亿酱香"，并达到世界烈酒市场市值最高、全球范围内食品行业市值最高的企业等里程碑式发展。

㊀ 摘自天眼新闻《"砍掉"2900余款产品后，茅台集团又开启新一轮"瘦身"》。

05

茅台风范

企业社会责任与企业在社会中的形象密切相关，是企业的一张名片，关系到企业的社会评价。一个负责任的企业，才能获得公众认同、信任，形成企业风范，为美誉力注入能量。作为中国白酒头部企业，茅台秉持"天贵人和、厚德载物"的核心价值观，坚持"大品牌、大担当"的价值理念。从家国情怀、使命担当，到积极践行企业社会责任；从以赤水河生态维护为己任，到带动酱香酒行业竞合发展，茅台在发展中始终展示着行业引领者的风范与气魄。

社会责任的担当者

依法纳税是企业不可推卸的责任

商之大者,为国为民,回溯中国历史长河中的有为企业,之所以能流芳百世,除了苦心经营,还具有一个共同的特质——视国家发展为己任,为国家发展注入动力。

面对彼时中国落后的现实,我国近代实业家张謇,大力发展实业,构建了轻重工业并举、工农业兼顾的立体化工业体系,以振兴中华;"中国船王"卢作孚,创办民生实业公司,在长江流域运营航运业务,以"服务社会,便利人群;开发产业,富强国家"为理念,将外国轮船公司逐出了长江上游。

时代的洪流滚滚向前,虽然不同时期的爱国精神有不同的表现形式,但与国家同呼吸、共命运的精神代代相传。作为当今中国民族品牌的代表,茅台始终发扬民族精神,尽己所能为国家的建设添砖加瓦。

在不同时期茅台不断献力，坚守企业责任。它首先承担的是不可推卸的纳税责任。20世纪50年代，即使处于亏损阶段，茅台酒厂也坚持提高生产量，承担起出口创汇责任，努力创造税收。

当时西方世界对中国实施经济封锁，但茅台酒一直在外交中占据重要地位，因此一度成为西方国家极受欢迎的商品。

当时在海外需求量大增的前提下，茅台酒出口成为可观的经济来源。当时，整个酒厂开启大力促生产、以酒换外汇的工作。出口海外的销售路线，也从20世纪50年代，一直延续至今。

1953年，茅台通过广州、香港、澳门出口，将茅台酒销往许多亚洲国家，以及欧洲市场，不仅在世界范围内掀起了一波"茅台热"，提升了茅台在世界领域的美誉度，还为我国换取了许多物资。彼时，茅台酒厂墙上挂着一幅宣传图，详细展示了一吨茅台酒的"能量"：一吨茅台酒能换回自行车700辆、汽油32吨、肥田粉24吨、钢材40吨。这种助力社会主义建设的荣耀感，激励全体员工一心一意搞生产。

全力促生产的效果显著，到1959年，茅台的产量达到820吨，远远高于建厂之初的0.34吨，其中大部分用于出口，可见效益之可观。㊀时至今日，茅台依然在我国创汇方面扮演着重要

㊀ 中国贵州茅台酒厂有限责任公司志编纂委员会办公室.中国贵州茅台酒厂有限责任公司志[M].北京：方志出版社，2011.

的角色，截至2017年10月31日，茅台集团共完成出口茅台酒与系列酒1 622.69吨，出口创汇28 126.59万美元。[一]不仅如此，茅台还在继续加速海外销售布局，力争获取更多的市场。在拓展自身美誉度的同时，带动了我国经济增长。

除了扛起我国出口创汇的大旗，茅台另一个备受行业内外关注的身份，则是地方纳税大户。

20世纪70年代末，改革开放后，茅台突破计划经济的束缚，开启大踏步创收模式。在这个阶段中，茅台集团高速发展，转亏为盈，扩产创收，连续突破税收记录。1978年到1998年的二十年，是茅台在新时期发展的重要阶段，企业发展依旧以提高生产力为重心。1978年，茅台上缴利税305万元。[二]1990年，茅台酒厂计划完成了800吨扩建的发展规划。正是在这一年，茅台上缴利税10 529万元，突破亿元大关。[三]1998年之后，茅台依靠时代红利和自身奋斗，让企业发展呈现出飞速上升的态势，产量及税收逐年稳步上升。2002年，茅台上缴利税103 846万元，突破10亿元大关。[四]

直至2007年，茅台集团公司总资产达到143.39亿元，突破百亿元。这一年，茅台报税比例占总资产报酬的34.1%。[五]2021年，茅台集团上缴税收570亿元，增长18.4%。多年来，茅台一

[一] 本刊讯. 茅台目前出口创汇28126.59万美元[J]. 中国酒，2017（11）：1.
[二]～[五] 摘自贵州茅台集团《茅台：缴纳国家利税》。

直是贵州省的纳税大户。㊀

税收是国家宏观调控的重要手段，上缴的税收被政府用于科学、教育、文化、卫生事业、社会保障等建设。可以说，茅台在抓住时代红利的同时，也在经济上为国家建设提供有力的支撑。企业内部的长期共识是，依法纳税是每个企业不可推卸的责任，茅台只是在做自己应该做的事。

打造幸福企业

从外部看，茅台能在短短几十年中实现跃变，一方面是被国内外经济发展的"马车"拉动。另一方面，是茅台始终掌控着自身的发展方向，得以在红利上释放多倍效应。而从内部看，支撑并推动着茅台稳健运转的是所有茅台人。他们携手共进，成就了茅台的荣耀。

采访茅台员工时，从他们的言谈举止中，能感受到作为茅台人的自豪感与幸福感。他们虽是四万余名茅台员工的缩影，但足以体现出全体职工对茅台的认可，以及强烈的幸福感与归属感。去茅台参观过的不少人都感慨："随便一位生产工人走在街上，都能看见他们脸上的笑容，感受到他们身上散发出的强烈自信。"这是在其他企业很难见到的景象。

㊀ 摘自网易《茅台集团2021年营收1 326亿；四川省经信厅副厅长冯锦花考察高洲酒业》。

员工幸福感高，是因为茅台视员工为财富，将维护广大员工的根本利益作为一切工作的出发点与落脚点。多年来，茅台集团重视员工发展、认真倾听一线员工心声，持续推动"我为群众办实事"落地。为此，自成立伊始，茅台就在能力范围以内，持续改善工作环境、增加员工收入、提供多元化的活动。

在采访茅台管理层时，也时常听到"员工作为企业财富的缔造者，也应当成为企业发展成果的分享者"的观点。这充分说明，茅台领导层以持续努力构建幸福企业，提升员工的幸福生活指数为己任。

在工作环境方面，茅台一直在升级软硬件条件。成立之初，茅台酒厂百废待兴，工人们的生产、生活条件远不及如今。彼时，工人们的住房与厂办公室基本上是土墙搭木的结构，有的墙面甚至用废酒瓶堆砌，并糊上黄泥而成，部分房顶也由杉树皮和油毛毡组成。在生产上，工人们的劳保用品仅有草鞋和围腰，由于没有生产供水系统，众人不得不下河挑水烤酒，每到寒冬时节，脚上常常被冻得开裂。由于没有通风设备，晾堂里出甑的酒醅只能靠自然降温，工人们打着赤脚、光着上身在充满热气的酒糟中翻、掀、打糟子。在生活上，因为食物紧缺，茅台只能自种简单的蔬菜，以改善职工伙食。除此之外，全厂没有一个像样的厕所，更没有洗澡间，工人只能用取酒后的天锅水来洗去一天的疲惫。

随着公司的发展，茅台不断改善工人的工作环境，曾经落后的生产生活条件已不复存在。如今，酒厂内钢筋水泥所筑成

的现代化楼房代替了曾经"千根木头落地"的老旧厂房。生产所需的设备也应有尽有,人们再也不用为生产必需品与配套设施的短缺而绞尽脑汁,可以更加专注于酿酒本身。为给员工提供营养丰富的伙食,茅台还专门修建了职工食堂,自2020年开始,免费为员工提供三餐。

在薪资福利方面,茅台员工的薪资水平也在不断上升。一位在茅台扎根20余年的资深管理人员说道:"我最大的感受是,在薪资方面,公司确实让员工很有幸福感。"数据可以直观地说明这一点,早在2017年,茅台员工就以9.25万元的年均收入,远超贵阳市与遵义市就业人员的年均收入。㊀从2019年起,员工每人每月上调1 500元预付绩效工资。㊁2020年年报显示,茅台在应付短期薪酬方面增加了76.99亿元。2021年年报显示,茅台在应付短期薪酬方面增加95.9亿元。在薪资保障下,员工的安全感大大提升,对企业更加忠诚。

茅台的保险与福利保障也在不断升级。1956年,由于员工工作环境差、工资低,茅台酒厂组织成立了互助储金会,以共渡特殊时期的难关。如今,保障依旧在延续。2008年,集团工会"115国酒员工爱心基金"共有5 552名员工参加,基金总额达333 120元,全年发放三批资助款,资助了员工75人次,资助

㊀ 摘自腾讯财经《19家酒企总薪酬72亿元茅台员工人均年薪9.25万元》。

㊁ 摘自澎湃新闻《茅台涨工资:今年起每人每月上调1 500元预付绩效工资》。

总额达131 441.58元。①茅台每年有10 000余名员工每人自愿捐赠100~200元至爱心基金，共同帮助有困难的员工，解决员工的后顾之忧。②

在薪资分配上，茅台始终遵循"尊重劳动、尊重创造、尊重价值"的基本思路，工资向生产一线与关键岗位倾斜，让广大员工共享茅台发展的成果，让员工的生活水平得到质的提升，提高员工的幸福感。值得一提的是，茅台为员工提供了比较优厚的福利，为员工的工作、生活提供保障。例如，良好的公积金待遇给员工提供了更多买房机会，减轻员工买房压力。为了让员工的生活更便利，茅台厂区提供上下班班车及员工食堂。茅台从衣食住行多方面解决员工需求。

除了在物质生活方面提升员工的幸福感，茅台还在内部营造独特的企业文化氛围，以丰富员工的精神生活。自1984年开始，茅台每隔四年都会举办一次盛大的职工运动会，每届运动会都会涵盖篮球、足球、乒乓球、跳绳、游泳等多个项目。它不仅是茅台的体育盛事，更是茅台的文化盛典。现场观众可以看见，茅台的员工们在赛场中奋力拼搏，火力全开，展现出自强不息的精神风貌。同时，赛场上的切磋也能加强员工之间的交流与合作，进而增强企业的凝聚力。

除此之外，自2004年开始，茅台还拉开了职工文化艺术

---

① 中国贵州茅台酒厂有限责任公司.中国贵州茅台酒厂有限责任公司志[M].北京：方志出版社，2011.

② 张小军，马玥，熊玥伽.这就是茅台：千亿企业成长逻辑[M].北京：机械工业出版社，2021.

节的序幕，合唱、舞蹈、语言等众多类型的比赛应有尽有。如今，艺术节已经成为茅台员工施展才华的广阔舞台。员工可以在享受视觉与精神盛宴的同时，尽情展现茅台人的文化自信。

在公司浓厚氛围的熏陶下，茅台内部宛若卧虎藏龙之地，人人都能在工作之余各施所长。公司提供的资源与平台让员工们"有作为、有希望、有价值、有尊严"，进一步提升了员工的幸福感、获得感、成就感、归属感。

茅台在人文关怀上亦是如此。由于茅台制曲的特殊性，制曲员工中女员工人数占九成以上。为照顾女性员工，车间班组会尽量降低怀孕女工的劳动强度，使其有更多时间休息。当女员工怀孕至一定时长就不占用定员编制，可免除上班打卡，并接手辅助性工作等。更贴心的是，公司还在停车场为怀孕女员工设置了专属停车位。

正是茅台对员工的关怀备至，使得茅台人把公司当成家，让他们在提及"爱我茅台，为国争光"时感动落泪。员工是茅台的财富，这是茅台各层级的人员的共识。不论过去还是未来，茅台将一如既往，为员工创造更好的发展平台，成为上万员工最可靠的避风港，承载更多家庭的幸福。

助力地方建设

基础设施建设是社会经济现代化的重要标志，它能够反映社会物质生活的丰富程度。改革开放以来，中国快速成为全球最大的基建市场，交通运输、科学文化事业等均取得飞速发展。在贵州，茅台也身体力行地践行使命，支持地区基础设施建设，与地区共同发展。发达的基础设施推动地区经济发展，吸引更多人才，让人们安居乐业，也有助于企业发展。以交通运输为例，20世纪90年代，通往茅台镇的公路条件差，行车颠簸，从茅台镇运产品到遵义多为山路，往往需要一天一夜的时间，到贵阳则需要近乎五天的时间。从2006年开始茅台集团便参与道路修建工作，铺设多条高速。如今，从茅台镇到遵义仅需要1个多小时的车程，而到贵阳也只需要2～5个小时。㊀

2010年，茅台高速公路

㊀ 摘自《贵州都市报》的文章《茅台高速公路开工建成后遵义到仁怀不到一小时》。

现在，茅台镇不仅有畅通的高速公路，可一天往返贵阳，还有更高效便捷的飞机场，这大大提高了产品的物流运输效率和安全性，减轻了员工的工作压力。当然，在企业发展的同时，当地百姓在出行、就医等各方面也获得了极大便利。

茅台机场是遵义市的第二座民用机场，整个机场按4C标准建设，跑道长度2 600米（预留400米），站坪现有机位9个，航站楼15 000平方米。⊖此机场于2012年由仁怀市政府和茅台集团共同出资24.37亿元建设而成，其中茅台集团持股70%。⊜

2017年10月，茅台机场正式通航，成为中国民航史上第一个首年通航旅客数就突破百万人的支线机场，成功跨入百万级机场行列。截至2020年，茅台机场已累计开通39条航线，通达全国42个城市，逐步形成了连接枢纽机场、辐射发达地区、通达重点旅游城市的航线网络，并通过"航空＋旅游＋酒"的模式，打通了融合发展的新航道，为仁怀市经济的飞速发展注入新的活力。截至2020年12月30日，茅台机场在运行的三年中，共计实现旅客吞吐量415万人次。⊜而据国际民航组织的研究，机场旅客吞吐量每增加100万人次，可带动地方GDP18.1亿元，直接带动就业3 500人。截至2021年底，茅台机场已累计完成旅客吞吐量561万人次、航班62 986架次、货邮吞吐量3 113吨；

⊖ 摘自央广网《遵义市第二座民用机场——茅台机场31日通航》。

⊜ 摘自第一财经《茅台机场今日正式首航总投资24.3亿元》。

⊜ 摘自天眼新闻《遵义茅台机场3年实现旅客吞吐量415万人次》。

2021年度旅客吞吐量位居贵州省支线机场第一。①

除了交通基础设施建设，茅台在地方医疗卫生方面也践行责任。第七次人口普查的数据显示，截至2020年11月1日零时，仁怀市现有常住人口65.53万人②。作为遵义市下辖的县级市，仁怀人口众多，却无一家三甲医院，当地居民看病十分不便。为改善仁怀市及周边地区医疗资源匮乏的状况，茅台集团投资19亿元，修建了茅台医院。

作为三甲综合性医院，茅台医院的总占地面积达108亩（1亩≈666.67平方米），内建医疗综合楼、专家楼、教学科研楼、感染科楼和其他基础配套辅助设施，并设有1 000余张床位，旨在成为贵州一流、西南知名、赤水河流域标准最高的三级甲等医院。

茅台医院建立的初衷，一方面是积极响应国家建设"健康中国"和贵州省大健康产业发展的号召，另一方面则是为解决贫困地区脱贫后的医疗代际问题。修建茅台医院是一项惠及广大群众、彰显企业责任担当的务实之举。茅台医院不仅为百姓提供了优质的医疗卫生服务，还促进了仁怀市的健康医疗事业发展，对于推动优质医疗下沉有着重大的意义。

在牵动区域文旅发展方面，茅台也起到了关键作用。在茅

---

① 摘自茅台机场官网《贵州遵义茅台机场有限责任公司2022年度社会招聘公告》。

② 摘自《仁怀市第七次全国人口普查公报》。

台的带动下,茅台镇不仅完善了酱香酒品牌产业链,还将小镇发展成为依托酒业的集工业、商业、旅游为一体的休闲旅游地。

身处茅台镇,能体会到这个著名酒镇的不同之处。道路沿街都是卖酒的铺面,他们不仅卖茅台酒,也卖自家厂里生产的酱香酒,店里基本都摆着四五个深色大酒缸,盖着红布,极具地方特色。夜幕降临,赤水河两岸就亮起了各种酒铺的霓虹灯招牌,错落有致,红绿相映。中国酒文化城、天下第一瓶、杨柳湾古街和四渡赤水纪念碑……每个景点都和茅台有着千丝万缕的联系。人们受到茅台的吸引,前往茅台镇参观景点,漫步古镇,亲身体验神秘的酿酒技艺。游客的到来,刺激了当地的经济发展,为当地带来更多就业岗位,使其焕发出蓬勃生机。

中国酒文化城内景

就业是最大的民生,只有解决就业问题,人们才能够安居乐业。在茅台的带领下,当地百姓的生活富起来了,地区经济的增长也快了起来。2014年,仁怀市入选"2014年中国中小城市综合实力百强县市";2017年入选"2017年度全国投资潜力百强县市";2018年,仁怀市入围"中国县域经济100强",值得一提的是,整个贵州省只有仁怀市上榜;2021年,仁怀市以1 564.49亿元的GDP,稳居贵州省第一名。○

仁怀市之所以能成为2020年贵州省唯一的千亿级县市,与它的支柱企业茅台集团及仁怀市支柱性产业——白酒产业息息相关。作为茅台镇乃至中国体量最大的白酒企业,茅台正以大国企业的风范,带领社会各界人士奔赴更美好的生活。

培养地方人才

作为龙头企业,茅台集团对地方教育事业做出了巨大贡献。在建厂之初,茅台就组织员工开展扫盲工作,此后又为茅台员工及家属、子弟创办学校,并创建茅台学院,为地方发展、行业进步培育了一代代人才。

茅台对教育的关注和投入是从酒厂内部员工开始的。20世纪50年代,茅台酒厂很多工人都是文盲或半文盲,提升员工文化水平是企业发展的前提,也成为当时一种迫切需要。因此,从1959年开始,茅台酒厂就提出"一边抓生产,一边抓文化"。除了文化培训,酒厂还逐渐增加了技能培训,建立技工学校,

---

○ 摘自《2021年仁怀市国民经济和社会发展统计公报》。

开设酿造班、制曲班、陶瓷班和动力班等，不断提升员工素质，引进先进技术。

随着茅台的发展，其规模也不断扩大，员工人数也随之增加。此时，员工子女的教育问题引起茅台的关注。茅台决定开办贵州省茅台酒厂职工子弟学校，解决大批员工子女读书的问题，也为当地适龄青少年提供更好的教育资源。从1973年子弟学校创办以来，其规模连年扩大，到1978年已经完成对职工子女教育从小学到高中的学龄教育全覆盖。

2004年，茅台决定和贵州大学联合招收大专学生，主要专业为生物工程相关专业，希望用"校企办学"的方式深入当地教育事业，培养更多人才。同年5月，茅台与江南大学联合开办发酵工程大专班并成功开班。

2017年，经国家教育部批准，茅台学院作为全日制普通本科高校正式成立，成为中国第一所以酿酒产业链为核心培养优质人才的大学。茅台学院的首批专业为酿酒工程、葡萄与葡萄酒工程、食品质量与安全、资源循环科学与工程、市场营销。茅台学院首次在国内招生，共计招生600名。

为了培养能够胜任酿酒产业相关技术岗位的应用型高素质人才，在教学的过程中，茅台学院十分重视产教融合，在教授理论的同时，也让学生重视实践操作。比如，基酒质量检评是酿酒工艺的重要一环，其中包括新酒的质量评级、常规的质量感官评定，还有产品出厂的感官质量评定等。因此，在白酒品评课上，学生与老师身着品酒员的工作服，在理论上学习品评白酒的风味成分、酒精浓度差、质量等级差等内容。在掌握了理论知识后，老师会带着学生开展实践操作，从最简单的测试感官能力开始，逐渐增加难度，检测缺陷酒，再识别各种香型的质量等级差等。这个课程严格按照品酒师国家职业资格考试及职业技能竞赛的标准与要求而设置，教学用酒也符合白酒品酒师全国职业资格技能竞赛的标准。

高标准的教学，为学生在品酒方面打下了扎实的基本功。2020年，茅台学院2017级学生参加了第三届全国大学生品酒比赛贵州选拔赛，9名同学进入全国决赛，其中1名获得一等奖、3名获得二等奖、4名获得三等奖。随后，在全国决赛中，茅台学院的一名学生进入全国前20强，5名学生进入全国前50强，团体成绩排名全国第二。

2021年，茅台学院首批毕业生走向社会，奔赴祖国各地，开启人生新篇章。事实证明，茅台关于"我国缺乏酿酒专业的应用型高素质人才"的判断是正确的。在校园招聘会上，不少酒企向茅台学院的学子抛出橄榄枝，为他们打开了职业之路。同时，茅台集团也召开"双选会"，为茅台学院学生提供更多的就业机会。茅台学院第一届学生毕业之际，酿酒工程、葡萄与葡萄酒工程、市场营销、食品质量与安全、资源循环科学与工程五个专业的学生中共有572名学生陆续前往茅台酒股份公司、保健酒业公司等茅台集团子公司或仁怀市的其他酒企实习。㊀

㊀ 摘自天眼新闻《茅台学院首届毕业生开始实习，品学兼优的他们让人羡慕！》。

未来，茅台学院将以酿酒工程为核心专业，逐步形成以工学为主，多学科协调发展的学科专业体系，持续为我国白酒行业输送专业型人才，践行人才强企、人才强国的战略理念。

茅台深知，人才是企业乃至地区发展的关键，不论是企业内部的员工培训模式，还是白酒行业高素质人才的培养，茅台将一如既往地秉持大企业、大担当的风范，心系家国，回馈社会，为中国经济的蓬勃发展注入动力。

影响未来有影响力的人

"影响未来有影响力的人"，这是茅台人在教育事业上倾注的心血凝聚而成的一句话。在茅台学院创办之前，茅台就已创办了一系列面向全国的公益性事业与助学基金。其中，最具代表性的助学公益活动，要数由茅台发起并联合多地青少年发展基金会开展的大型公益助学活动——"中国茅台·国之栋梁"（以下简称茅台"国之栋梁"）。从2012年起，茅台每年都会出资1亿元，对全国2万名来自农村贫困家庭的应届大学新生进行资助，㊀每名学生都能一次性获得5 000元的资助。

从2012年到2021年，茅台在10年时间里，已累计捐款超10亿元，资助20余万名学子圆梦大学。㊁可见茅台以爱之名播

㊀～㊁ 摘自中国新闻网《"中国茅台·国之栋梁"希望工程圆梦行动启动》。

撒万千希望火种的毅力和决心。

在2019年4月退出贫困县之列前,道真仡佬族苗族自治县(简称"道真自治县"),因重重山峰阻隔,地区经济发展严重滞后,文化教育也较为落后。春天家人志愿者协会是道真自治县的一所公益机构,该机构的理事朱俊龙,经常下山走访贫困户,向贫困学子伸出援手。他记得,隆兴镇曾有一名高考500多分的贫困学生,在准备去上大学时,如顶梁柱一般的父亲却突然逝世,刚成年的他只得放弃读书的机会,早早承担起家庭的重担。得知此消息,朱俊龙和隆兴中学校长冒雨前去了解他的家庭情况,并决定帮助他圆大学梦。之后,朱俊龙联合公益机构,四处募捐,耗费极大精力终于帮助那名学生实现了读书梦。这仅是诸多贫困学生中的一位,面对其余同样境遇的学生,众人心有余而力不足。所幸的是,在与茅台"国之栋梁"建立合作的桥梁后,这样的境况得到了改变。目前,朱俊龙只需上门了解贫困学生的家庭情况,将符合情况的学生名单上报至此项助学活动,通过审核之后每名学生即可获得5 000元的助学金。

这些受到资助的学生,大多品学兼优,但受家庭条件的影响,很难顺利完成学业。茅台的资金援助对他们来说是雪中送炭。知识的储备与眼界的拓宽,不仅能改变一个人的命运,更能为国家培养更多有用之才。茅台作为白酒企业的代表,自觉承担起反哺社会的责任,无偿出资帮助有梦想的青年,从另一个侧面展现出其品牌风范。

在道真自治县阳溪镇农业服务中心上班的何前进，也深受茅台影响。2013年，他获得了辽东学院的录取通知书，这本是一件高兴的事，可何前进面对着艰难的选择。原来，他的身上早早背负起养家糊口的压力。姐姐生了病，生活起居全靠母亲一人打理，家里唯一的经济来源是父亲在外务工的辛苦钱。显而易见，大学学费与生活费，会让这个家庭背上更沉重的负担。

幸运的是，茅台"国之栋梁"联系到了何前进，帮助他顺利进入辽东学院。受茅台影响，毕业后，他怀揣着感恩之心，毅然放弃深圳的高薪工作，回到家乡，希望能为家乡建设贡献一份力量。他先是参加"三支一扶"考试，深入乡村做基层扶贫工作，服务期满后，他又考上阳溪镇农业服务中心，负责将企业的产业扶持政策宣传给每家每户，并积极推广政策的落地执行。

何前进说："从大学到毕业工作，我一直都在关注茅台的公益项目，没有任何附加条件，更让我们这些受助者心怀敬畏和感恩。"[一]像何前进这样受到茅台资助的大学生还有很多，他们的命运在茅台的帮助下发生了转变，毕业后他们或走上工作岗位，或开始自己创业，或选择继续深造，展现出无限可能。

茅台"国之栋梁"希望工程，因持续时间久、捐赠金额高、覆盖面广、影响力深远，成为教育脱贫的典型案例。

不只是茅台集团，其旗下各子公司也秉承"影响未来有影

[一] 摘自张志红和杨星宇的《我们这里来了"大学生老师"》。

响力的人"的理念，积极加入公益助学事业。不同于茅台"国之栋梁"聚焦于贫困大学生群体，由茅台旗下的酱香酒公司发起的公益活动"茅台王子·明亮少年"聚焦于我国的青少年群体。

"茅台王子·明亮少年"的雏形，是2017年茅台酱香酒公司携手河南本地经销商、河南省青少年发展基金会共同举办的"八方援"助力脱贫攻坚行动，旨在关注青少年的成长情况，为需要帮助的青少年送去情感、物质上的帮扶。

2019年，为实现精准帮扶，"茅台王子·明亮少年"公益活动，在贵州启动了新一轮的公益计划。这一年，贵州省的易地搬迁扶贫政策进入尾声，大部分贫困人口已从生活多年的故土迁至交通便利的安置点生活。尽管身处异地，人情的温暖与生活环境的舒适，让他们对新的生活充满期待。

为了打造舒适的新居环境，茅台酱香酒公司携手共青团贵州省委在全省100个易地扶贫搬迁点启动实施了"茅台王子·明亮少年"希望工程陪伴行动关爱青少年公益项目，共计投入100万元用于围棋、足球、舞蹈、戏剧、书法等陪伴项目。在钟山区幸福里社区的小朋友们，能够在文化图书角畅游书海，同时，红色教育、感恩教育的氛围，也逐步培养了他们的爱国情、爱国志。㊀

除了开展陪伴项目，"茅台王子·明亮少年"还设立了自强

㊀ 摘自天眼新闻《真情陪伴！为易地扶贫搬迁社区青少年点燃希望》。

奖学金项目，主要针对建档未脱贫青少年和易地搬迁安置点中家庭贫困但自强不息的青少年，每人奖励1 000元助学金。这不仅是物质上的支持，也是对自强少年的认可，激励他们坚定不移地为梦想而奋斗。

2017年，贵州省铜仁市江口县的严丹，随父母搬到江口县易地搬迁扶贫安置点。她不仅性格安静乖巧，而且成绩优异，连续5年都获评"三好学生"。不幸的是，小小年纪的她患有颅内肿瘤，需要常年吃药控制，但生活与疾病并没有压垮她，反而激发她不断拼搏。为帮助这个自强不息的女孩，街道人员将其相关资料递交给"茅台王子·明亮少年"，严丹获得了1 000元奖学金。

茅台用助学扶贫的方式，回馈着社会，也在用自身的风范与情怀，影响着祖国的下一代。这些被茅台帮助过的孩子，都有一个共同的名字——"茅台学子"。从2017年开始，茅台每年都举行"茅台学子回家之旅"，邀请部分受到茅台"国之栋梁"项目资助的大学生们回到茅台。他们深入茅台集团，参观并学习茅台的历史底蕴、文化与工艺，更深刻地感受茅台的家国情怀和对品质的坚守。

面对面的交流，更容易拉近人与人之间的距离。面对一张张青涩的脸，茅台毫无保留地将自己多年积攒的故事分享给这群未来的国家栋梁，鼓励他们好好读书，树立责任与担当，成为一个心怀感恩的祖国栋梁。

茅台集团将感恩与回馈刻在自己的企业文化里，成为所有茅台学子的榜样。已经种下的感恩种子，必将在这些学子中生根发芽，他们将接过责任与担当的旗帜，成长为能影响中国未来的栋梁。

乡村振兴，共赴美好

中国是一个农业大国，农业发展至关重要。改革开放以来，中共中央高度重视"三农"问题，曾在1982年至1986年连续五年发布以农业、农村和农民为主题的中央"一号文件"，部署农村改革和农业发展。2004年，时隔18年，中央"一号文件"再次回归农业，并且在之后每一年发布的"一号文件"中，密切关注"三农"问题，不断加大农业投入，加速农业生产的现代化进程更是重中之重。

2015年，我国脱贫攻坚战全面打响。2021年，脱贫攻坚战全面胜利，"三农"工作的重心转向全面推进乡村振兴。

贵州省在脱贫攻坚战中完成了艰巨的任务。2021年1月25日，贵州省923万贫困人口全部脱贫，66个贫困县、9 000个贫困村全部成功脱贫，彻底撕下绝对贫困的标签。⊖茅台作为白酒

⊖ 摘自贵州农经网《贵州脱贫攻坚取得全面胜利》。

行业头部企业，又是贵州百强企业之首，一直在脱贫攻坚、乡村振兴的路上前行，为让更多人过上美好生活而奋斗。

打造蓝莓产业

位于贵州省东南部的丹寨县，在2019年4月之前，是我国脱贫攻坚的重点关注对象。2014年，我国人均GDP为46 912元，而丹寨的人均GDP远低于全国平均水平。同时，全县还有建档立卡贫困户14 542户58 737人，161个行政村中有96个贫困村，其中深度贫困村63个。㊀

为支持地方扶贫事业，2015年，茅台正式进入丹寨县，成立了贵州茅台（集团）生态农业产业发展有限公司，充分挖掘当地独具特色的蓝莓产业，打通蓝莓产业的种植端、生产端和销售端，为当地百姓创造更多收益与价值。

截至2020年7月，公司自有高标准生态山地蓝莓种植基地近3 000亩，丹寨县拓展基地10 000亩，带动了7 000多户农户（其中建档立卡贫困户3 600余户）实现年户均收入2万余元。

丹寨县烧茶村的村民张天琴，就是茅台产业扶贫下的受益者。年过半百的她，常年与孙子生活在一起。在茅台生态农业公司成立之前，她仅靠种玉米所获的不多的收入生活，还要负责孙子的学费与生活开销，因此生活水平较低。茅台筹建蓝莓

㊀ 摘自搜狐网《丹寨，一个网红县城的脱贫之路》。

生态园后，当地农户获得大量就业机会，她也是其中的一员，靠着工资顺利供孙子读完大学。虽然她在园内仅从事简单的除草、采摘工作，但一天的工资就能达到七八十元，并且一年会在采摘园里工作200天以上，这样一算，一年就能获得2万元左右。

张天琴感叹，从家里到采摘园只要5分钟的路程，工作简单，还比之前种玉米时候的收入高出一大截。她这个年纪，外出打工不好找工作，能在家门口就找到这样的工作，日子真是越过越有盼头了。

高粱带动致富

蓝莓产业帮助了丹寨县脱贫，在有机高粱种植领域，茅台则辐射了更多地区。酱香型白酒最重要的生产原料就是高粱，茅台酒也不例外。但根据工艺的特点，酿制茅台酒所需的高粱必须具备耐蒸煮、颗粒坚实、均匀饱满、支链淀粉高等特点。只有茅台镇本地的红缨子高粱完全符合以上要求，因此成为茅台酒的专用高粱。

原本在贵州种植红缨子高粱的农田并不多，但随着茅台酒产量的增加，茅台对原料的需求量也与日俱增。因此，在仁怀市、遵义市播州区、遵义市汇川区、习水县、金沙县等地，茅台均建立起有机高粱种植基地，且种植面积逐年增长。

有机高粱基地——仁怀市坛厂镇

　　有机高粱种植基地的建设，不仅满足了茅台对高质量原料的需求，还为高粱种植户提供了诸多农业方面的帮助，提高了他们的收益。茅台不仅免费为农户提供有机高粱种子、肥料、营养剂，还教授相关的种植技术与农业知识，帮助农户整治土地、修建灌水管等。同时，高粱的收购价格也在不断提高。2003年，茅台对红缨子高粱按照高于市场价格的0.3～0.5元/千克进行收购，到2020年，茅台的红缨子高粱收购价格达到9.2元/千克。2022年，红缨子高粱的收购价提升为11.2元/千克。○

　　高价收购粮食原料仅是茅台带动当地经济的一个方面。通过向周边农户采购高粱，以及临时性务工雇佣等方式，自2012年到2020年，茅台集团累计带动近15万户贫困农户脱贫解困，使45万贫困人口受益。

○ 摘自茅台时空《20年上涨5.6倍，茅台酒用高粱农户收购保护价上调至每公斤11.2元》。

仁怀市大坝镇簸箕坝村，是茅台的有机高粱标准化示范基地之一。过去生活在这片土地上的人，大多种植玉米和水稻等农作物，辛苦一年，只能勉强养活自己。而村里的年轻人大多出去打工挣钱，没人愿意种地，村中留下的大多为老弱和留守儿童，导致土地撂荒严重。自茅台在簸箕坝村周边投资建造高粱种植基地后，外出的青年回到了家乡，原本光秃秃的荒山长满红褐色、颗粒饱满的有机高粱。沉甸甸的高粱穗，不仅酿出了一瓶瓶的好酒，还酿出了仁怀市人民的美好新生活。

每年的八九月，是贵州红缨子高粱成熟的季节，赤水河边漫山遍野的红高粱成为引人注目的风景线。仁怀市长岗镇茅坡村，火红的高粱地里，弥漫着丰收的喜悦。作为茅台集团的高粱种植基地，这里的人们正忙着收割高粱。锋利的镰刀划过高粱茎秆，高粱穗子连着一小节茎秆，被统一放在一边，堆得差不多了，再捆扎好带出地里，铺在地上晾晒，一到秋天整个村子的院子都晒着红彤彤的高粱。

茅坡村的村民杨存强从上海回到家乡后，用十年的积蓄在家中种了几亩经济作物，可母亲看病的费用高昂，致使这个家庭在2014年成为建档立卡的贫困户。听说为茅台提供有机红高粱，不仅能享受全国最高的高粱收购价，还能免费领取种植所需的农资、获得农业政策性保险等福利，杨存强动了心。他不愿意坐等国家的帮扶，在2018年将家里的地都种上了红高粱，当年就摘掉了贫困户的帽子。2019年，他扩大了红高粱的种植面积。到了2021年，按照茅台高粱的收购价格为9.2元／千克计算，他光种植高粱的收入就可以达到7万元。靠着多年的努力，杨存强一家人生活逐渐富裕起来，他说道："现在我们家的收入90%以上源于高粱了。"

除了杨存强这样的个体种植户，茅坡村还有有机高粱合作社，该村垄川田合作社负责人杨智春统计，垄川田合作社共有38户农户参与，有11户属于贫困户。2019年合作社租了260多亩地来种高粱，由于有茅台的技术指导，每亩产量可达700斤左右，预计总产量接近20万斤，收入近100万元。㊀加入合作社的农户，不仅每个月有务工收入，年底还有分红可以领。

为乡村铺路

从2015年起，茅台集团就开始结对帮扶道真自治县，主要从金融、交通、产业发展、人才引进等多个方面带动当地经济发展。交通运输对地区经济发展至关重要。茅台以此为重点，帮扶当地的交通运输基础设施建设，加快了道真自治县的脱贫进程。

贵州省道真自治县，南距遵义市区160公里，北距重庆市区150公里，本应该是连接黔渝地区的要道，却因为身处武陵山和大娄山两山腹地，难以跨越天堑。2014年，道真自治县277个建制村中有92个村公路未硬化，200个10户以上集中居住的寨

㊀ 摘自茅台时空《有机高粱给仁怀带来了什么？听听农户们怎么说》。

子未通公路。

为解决道真自治县交通不便的问题,茅台集团在2016年至2018年间,一次性出资3 000万元,贴息5 000万元资金为道真自治县融资3亿元用来修路。㊀在茅台的帮扶下,道真自治县实施了2 000多公里农村公路建设。这一条条蜿蜒在道真自治县里的"毛细血管",为道真自治县烤烟、蔬菜、中药材、菌菇产品的运输,节约了大量成本,也方便了外地游客走进道真自治县,亲身体验贵州仡佬文化的魅力。

2021年2月25日,全国脱贫攻坚总结表彰大会宣告我国脱贫攻坚战取得了全面胜利。茅台集团为了巩固、拓展脱贫攻坚成果,实现和乡村振兴的有效衔接,继续助力道真自治县发展。在未来的工作中,茅台集团将围绕道真自治县"菜县菇乡"的农业发展定位,大力培育其农产品的全国竞争力,同时打造道真自治县食用菌品牌和产销体系。

2021年4月,茅台集团和道真自治县签立乡村振兴协议,茅台集团的帮扶不会因为脱贫攻坚工作的胜利而停止,而是要继续推动全省乡村振兴工作,让贵州人民共赴美好生活,迎接新时代。

㊀ 摘自《新京报》的文章《茅台扶贫的"贵州战法":点到面、输血到造血》。

生态守护者

以维护良好生态为己任

人类诞生于自然界，并在自然的哺育中创造了引以为豪的文明，完成从原始社会到农业社会，再到工业社会的进化。在人类活动的过程中，人们高度依赖自然的支持，人们虽然创造了体量巨大的经济效益，但也不可避免地破坏了人与自然的平衡关系。尤其是进入20世纪后，人类活动愈发频繁，自然界不断释放出生存环境"告急"的信号：山火频发，洪水加剧……

联合国2021年8月9日发表的气候科学综述指出，这些极端天气大多是气候变化导致的，其中最大因素是温室气体浓度不断增高。同时，联合国还宣布，全球变暖比预想的快10年，未来极端天气将会更加频繁。[一]在2021年11月10日于英国格拉

[一] 摘自《环球时报》的《极端天气事件频发，联合国宣布噩耗：全球变暖比预想的要快10年》。

斯哥举行的联合国气候变化大会中,联合国呼吁减少温室气体的排放,希望全世界共同保护地球环境。

保护环境,与自然和谐相处,携手达成净零排放,逐渐成为人类的共识,中国也一直在为全人类的环保事业奋斗。中华人民共和国成立之初,我国就十分重视环境问题,20世纪80年代后,还陆续出台环境保护相关法律法规,并在发展的过程中不断进行完善。企业作为社会主体的重要组成部分,其发展也高度依赖自然资源,因此也应积极参与环境保护的相关重要事项,成为环境保护的关键一环。

我国持续推行的相关政策对环境保护有巨大贡献。在2020年9月的第七十五届联合国大会一般性辩论上,我国提出"碳达峰"和"碳中和"的目标。2021年3月,我国在《中华人民共和国国民经济和社会发展第十四个五年规划和2035年远景目标纲要》中提出,要积极应对气候变化。

在国家政策的指引下,茅台作为中国民族品牌的代表企业,自成立之初,就一直在践行环境保护的职责,视其为己任。1949年以来,我国十分重视绿化建设,并于1956年开始了第一个"12年绿化运动"。为响应国家"植树造林,绿化祖国"的活动,茅台先后在老厂办公室、下酒库等地种植了刺槐、大叶桉、蓝桉等成活率较高的树苗。

20世纪80年代,茅台曾兴起一阵厂区内扩改建浪潮。出于对厂区原生植物的保护,茅台领导层决定厂区扩改建设和原生植被的环境补偿必须同步进行，茅台的花园式厂区雏形逐步显现。2013年，茅台中华新区进行扩改建，该地原先的3 000多棵杨梅树全数被移栽至无须进行建设的空地之上，成为花园式厂区的一道亮丽的风景线。

受赤水河滋养逐步发展至今的茅台，对赤水河畔这片土地爱得深沉。那些在赤水河谷陪伴茅台成长的树木，也受到茅台照顾老友般的礼遇。一进茅台厂区大门，数棵乌樟树郁郁葱葱地挺立在主干道正中，机动车只能绕行而过。道路两侧的树根沿着厂区岩壁向前攀伸，绘出遒劲有力的"植根壁画"，现代厂区和苍翠自然的共生图景跃然眼前。

义务植树是茅台每年的大事。自2016年开始，茅台每年3月都会开展为期数天的"茅台共青林"植树活动，在持续5年的植树造林活动中，茅台共种植树苗3万余棵，约11 000人次参与其中，植树总面积达140亩。⊖

茅台还持续招募环保志愿者，组建环保科普基地，并配设优秀的宣讲团队，将环保理念厚植在每一个茅台人的心中，继续把茅台与赤水河自然生态的共生故事书写下去。⊜

随着企业的逐步发展，茅台的环保意识愈发强烈，并正式将环保工作纳入企业发展的重要一环。1981年，茅台成立环境

⊖ 摘自王茂、杨进的《为美丽茅台厚植绿色动能 茅台集团开展植树节活动》。

⊜ 摘自新华网《茅台：在时光中，与自然共生》。

保护办公室，专门负责环境方面的工作安排。为对症下药，建立健全污染源档案，制定对应的环境保护措施，1984年，茅台第一次开展了企业污染源调查，确定了酒厂的污染物主要是废水、废气和废渣，并在此基础上，开展了相应的环境治理工作。

为治理废气，茅台对生产所用锅炉进行配件升级，加装除尘器以降低废气的排放量，确保废气排放符合国家标准。同时，茅台还在"十二五"期间开展了"煤改气"工程，在制酒锅炉的燃料方面，用更为清洁的能源燃气替代易产生大量二氧化硫的煤。此工程开展后，2017年，茅台厂区空气质量有效监测天数为357天，其中优良天数357天，优良率100%。

除了在生产源头采取各种措施，茅台还在日常生活方面减少废气的产生。

随着茅台品牌效应的扩散，在茅台酒15.03平方公里的核心生产区域内，车流与人流呈现出日益上升的趋势，随之而来的是空气污染的加剧。

为了减少大气污染，茅台大力推进厂区主干道路面及设施的升级改造，在"十二五"规划期间还新增35.7万平方公里厂区绿化面积，在有效减少生活扬尘的同时，大幅度增加绿地制氧量。

茅台还在生产区域内实行"绿色交通"，即私家车单双号限行与公务大巴"双轨"运行模式。茅台核心产区和办公区均汇集在茅台酒厂内部，每天上下班的人次多达2.45万人，日常厂区车辆运行数量高达1.82万辆。㊀2020年7月，茅台在厂区内正式拉开"绿色交通"序幕。该模式实施一年后，工作日内出入厂区车辆数量减少至原本总数额的50%，废气排放总量减少了1.65亿立方，相当于在赤水河畔栽种了6 930棵树。㊁庞大数字的背后，是茅台对共生理念的坚守。

生产废水带来的严重后果同样不可小觑。经统计，每生产一吨酒就要排放$15m^3$～$20m^3$的酒糟液，㊂而这些酒糟液中含有大量有机物，其杂质多半成悬浮物和沉淀物混杂在废液当中，浓度最高可达到100 000mg／L，若处理不当，会造成多种危害。

消耗有机物需要水体中的微生物发生降解作用，而高浓度有机污水会使受纳水体缺氧甚至厌氧，从而导致多数水生物死亡，产生恶臭，使水质和环境恶化。不仅如此，这样的水体还会对人体造成巨大伤害。因为高浓度有机污水中含有大量有毒有机物，其会在水体、土壤等自然环境中不断累积、储存，最后进入人体，从而危害人体健康。

二十世纪七八十年代，茅台镇排水系统落后，镇内工业、生活废水排污紊乱，为保护赤水河不被污染，茅台酒厂投资近

㊀ 张小军，马玥，熊玥伽.这就是茅台：千亿企业成长逻辑［M］.北京：机械工业出版社，2021.

㊁ 摘自茅台时空《茅台单双号限行一年，减少废气排放量相当于种了6 930棵树》。

㊂ 任鹏.IC厌氧反应器处理酿造废水特性研究［D］.合肥：安徽建筑大学，2014.

亿元，沿着赤水河岸，修建了多功能河堤。1994年，茅台委托贵州省环保科研所进行调研，初步划定了茅台酒的水源保护区范围。次年，为加快水源保护区的建设工作，茅台酒厂主动加入了国家水系统防污染管理网，是当时全国第一家正式加入的企业。

除此之外，茅台先后投资4.68亿元修建5座污水处理厂，㊀以解决污水排放问题，并率先实施污水处理市场化运作，将污水处理系统交由专业的第三方企业运营，使污水处理更加专业，这不仅能提高治理效果、降低治理成本，还可大幅度降低企业违法的风险。2017年，茅台的污水处理达标率已达100%，年处理达标污水达100%，每日平均污水处理达2.3万吨。㊁

现在茅台酒厂内的绿化清洁用水，大多是经污水处理厂处理转化而来的净水。每天的清晨，洒水车都会载着转化后的水，浇灌厂区内的植被和办公楼前种的一盆盆格桑花。每天早、中、晚，都会有人拿着黄色的水管，给这些鲜艳的花儿补水。污水变清水，茅台实现了水资源的循环利用，降低了排污负担。

为治理废渣，茅台耗资近10亿元建设循环经济园区，将生产白酒过程中产生的废弃酒糟进行循环利用，并与农业相结合，形成生态产业链的有机循环。酒糟的循环利用，不仅避免

㊀ 戴世锦."生态环保，不能被推着干，不能有欠账，不能自己哄自己"[N].贵阳晚报，2018-07-24（3）.

㊁ 摘自搜狐网《〈人民日报〉要闻版报道茅台生态文明建设》。

了因传统丢糟方式而导致的土壤酸碱度失衡，还能够发挥酒糟的二次价值，使其转换为天然气、饲料、化肥等，造福农业发展。

值得一提的是，为实现更高效的环境管理，2001年，茅台还引进了国际环境管理模式——ISO 14001标准，并于年底达到国际认可的水平，在节能减排的同时，也能最大化利用资源与能源，进而实现科学环保。

在维护生态方面，茅台以主人翁的精神做出的表率，在白酒行业内外掀起了环保热潮，很多企业视其为榜样，前来取经。茅台的行动，是切实的担当。茅台在生态道路上的践行，在为自身营造更好发展环境的同时，不断赋能品牌价值，提升自身的美誉度。

守护母亲河

端午时节的茅台镇闷热无比，一条全长400余千米的曲折赤色河流流经沿岸的茅台集团，并贯穿整座小镇，人们常以"上游是茅台，下游望泸州，船过二郎滩，又该喝郎酒"来形容这条河流的独特地位。此河正是享有"美酒河"之誉的赤水河。它不仅是当地百姓的生命之源，也是不断哺育国内众多知名酒企业成长的母亲河，每年可为沿线酒厂提供数千亿元的产值，成为一道引人瞩目的"白酒经济带"，经济价值不可估量。

同时，赤水河还有不可估量的生态研究价值。发源于云南镇雄的赤水河，以长江支流的身份，在途经云、贵、川三省后汇入长江，是国内唯一一条未被开发、污染、筑坝蓄水的长江支流，这也在一定程度上保护了流域内生物的多样性。因此，这条河有着不可估量的生态研究价值。

赤水河沙滩河段斑头鸺鹠群

"没有赤水河，就没有茅台酒。"这已是人尽皆知的事实。茅台酒的出产依托的自然发酵，正是靠着赤水河流域提供的温度、湿度、水还有微生物才得以完成。这也让人们意识到茅台镇的独特性，意识到离开茅台镇，就产不出茅台酒。如果赤水河的生态遭到破坏，那么整个茅台酒产区都将受到牵连，覆巢之下安有完卵。所以，茅台人像保护自己的眼睛一样，保护着周围的生态环境。

2003年,茅台将"环境"列为公司的五大核心竞争力之一,之后更是把"安全、质量和环保"当作贯穿全生产流程的三条生命线,且一切行为的开展均以此为原则。

如前文所述,茅台视生态环境保护为己任,不仅开展污染源调查,还在内部采取一系列治理废气、废水与废渣的措施,在源头上阻断赤水河流域的污染。

值得一提的是,为加大赤水河流域的环境整治,2005年,茅台出资2 000万元,支持赤水河沿岸整体形象建设和环境整体治理。另外,自2014年开始,茅台决定连续10年每年投入5 000万元用于该流域的生态保护。可以说,在中国酿酒企业中,茅台生态保护的投入力度最大,前后投资总额已达数十亿元。

在积极维护赤水河生态的同时,茅台更加深刻地认识到,整个水域系统并非相互独立的各个部分,而是一个相互作用的整体,牵一发而动全身,因此,仅靠一家企业的力量是行不通的。于是,茅台开始积极推动行业内其他企业一起参与赤水河的环境保护。2018年6月,茅台发起"走进源头,感恩镇雄"的活动,携手赤水河沿岸的郎酒、国台、钓鱼台和习酒四家企业,共同前往赤水河的源头——云南镇雄,进行公益捐赠,以生态补偿促进脱贫攻坚。此外,茅台还联合赤水河沿岸的多家优秀白酒企业,共同签署《世界酱香型白酒核心产区企业共同发展宣言》,明确从法律至上、商业伦理、保护自然环境等多方

面，对赤水河流域进行生态保护。

在政府层面，赤水河的保护也早已受到重视。早在20世纪70年代初，国家领导就曾特别指示，茅台酒厂上游100公里以内不能建化工厂。一直以来，贵州省政府都坚守此原则，加大对赤水河流域内的生态保护。截至2018年，贵州省共计投入近26亿元保护赤水河及周边生态环境，关停无环保手续、无环保设施、重污染的企业，处罚环境违法行为，追究涉嫌环境犯罪行为的刑事责任。○

在酒企集中的仁怀市，则要求发展区一律不准新建、扩建白酒企业，而且要把现有企业逐步搬迁，严禁批准酒类技改建设项目和其他污染型建设项目选址。2003年，仁怀市政府在茅台的出资协助下，搬迁了两座高污染高耗能的水泥厂（仁怀水泥厂和茅台水泥厂），而原计划在赤水河的支流五马河修建的火电站，也因会对赤水河生态环境造成污染而未被批准。

除此之外，茅台还积极推动云南、四川、贵州三省在赤水河流域生态保护上达成协作，并在2017年承办"中国赤水河流域保护治理发展协作推进会"，此后每年都作为应邀嘉宾，出席赤水河流域的三省协作推进报告会。

在三省的共同促进与茅台的推动下，2021年，云南、贵州、四川三省人大常委会会议同步审议通过了关于加强赤水河流域

○ 摘自茅台国际《三省共护赤水河，茅台以实际行动进行生态补偿》。

共同保护的决定和三地赤水河流域保护条例。自此，保护赤水河已经成为云、贵、川三省的共同职责，赤水河流域内的环境保护机制将从顶层设计出发，呈现出更加可持续发展的局面。

作为行业先锋，茅台集团不仅为中国酱酒乃至白酒的发展献力献策，更能做到呼吁同行参与到生态保护之中，共建赤水河流域立体生态保护圈，形成共抓共促的大保护格局。

保护微生物

"酿造微生物是茅台最重要的生态密码"，这是茅台集团多年来一以贯之的理念。微生物是环境合力创造的生命群体，环境和微生物所构成的整体是一个不可分割的系统，这要求茅台集团以"生命共同体"的宏观视野去解决微观问题。

微生物虽然是酿酒过程中最小的工作单位，但它们十分重要且无可替代。甚至可以说，茅台保护生态环境，就是为微生物群提供最佳的工作环境和生存状态。

茅台镇位于平均海拔约400米的河谷地带，地势低洼，群山环绕。较为封闭的地理环境造就了它的特殊气候，冬暖、夏热、风微雨少，周围以大娄山为主的上千米海拔的山脉阻挡了想要带走茅台镇独有微生物的狂风，让这些两千多年前就已经生活在这里的微生物，得以在独特的河谷环境中栖息、繁殖。不仅如此，由于茅台镇具有上千年的酿酒历史，此处的微生物也经过长期驯化，越来越符合区域酿酒的需求。

茅台酒的独特风味，很大一部分原因就在于这些特有的微生物。酱香型白酒的酒醅在开放式固态发酵一年的时间中，能够网罗并富集酿造车间环境中的微生物，正是它们的参与，才形成茅台酒独有的特殊魔法。值得一提的是，参与发酵过程的微生物比其他酒体香气成分更多，因而最终酿出的白酒酒体更显丰厚醇满。毫不夸张地说，茅台酒因微生物而产生。

正是因为茅台酒酿造地理环境的独特性与微生物的重要性，茅台对区域环境的保护近乎苛刻。每个茅台人都深知，微生物是酿酒的重中之重，所以自发地对环境抱有敬畏之心，并自觉履行环境保护的相关职责。

对茅台镇微生物的最好保护方式，是去研究它，知晓对茅台酒施以魔法的微生物到底有哪些，如何创造其适宜的生存环境。早在20世纪50年代，茅台就开始对酿酒过程中的微生物进行研究，试图揭开它神秘的面纱。但是由于当时技术条件的限制，此项研究一直在"浅层"进行探索。1963年，茅台酒成立科研室，下设微生物组，专门对生产用曲、酒醅等半成品进行菌种检测、分离和鉴定，为解开茅台酒的奥秘进行技术积累。在之后几年茅台试点工作的开展中，人们初步认识到微生物在茅台酒酿制过程中的活动规律。

2008年，为了研究酿造微生物体系，茅台与中国科学院微生物研究所达成合作协议，对酿造茅台酒用的茅台大曲和茅台酒醅的微生物展开研究。当时共分离鉴定出79种微生物，建立了我国第一个白酒微生物菌种资源库，将掌握的生物信息都存储起来，为微生物研究累积资料。㊀这还带来另一个好处：即使将来出现不可控因素，改变了茅台镇的气候，破坏了在这里繁衍生息的微生物，已经培育在菌种资源库里的微生物也能够通过技术手段被复原，这不仅为茅台的发展提供了保障，还积极促进了我国的生物学研究的发展。

正因多年持续不断深耕于微生物研究，茅台认识到海拔、地质、土质、雨量、湿度、风向、温差、负氧离子等自然因素都会影响微生物的数量与种类。同时，在多年的实操与理论研究中，茅台还深刻领悟到微生物活动是如何贯穿于茅台酒的生产活动中的，使茅台能够在生产环节中为微生物创造优质的繁殖、交互条件，进而酿造出极具迷人风味的茅台酒。

2021年7月，贵州省十三届人大常委会第二十七次会议第一次全体会议，㊁听取并审议了《贵州茅台酒生产环境保护条例》（简称《条例》）审议结果的报告，《条例》中，贵州茅台酒的生产环境被定义为"贵州茅台酒赖以生产、存续和发展的物质和非物质要素的组合"，并对贵州茅台酒品质有决定性影响的核心产区的工业布局、旅游开发、城乡建设、原料和辅料基地、微生物、窖泥窖石用料、酿制工艺、大气和天然分布的物

㊀ 摘自《安顺日报》的《我国首个白酒微生物菌种资源库在贵州建立》。
㊁ 摘自贵阳网《贵州茅台酒生产环境保护法出台在即！划定生产环境保护区保障茅台酒品质传承》。

种资源等进行了规定，瞄准区域内需要立法解决的重点问题，在制度设计时创设或者细化保护措施。这意味着，茅台酒的生产环境保护从此有法可依。

曾经的茅台镇只是一个单一的工业酿酒小镇，早期城镇未规划，道路狭窄，卫生条件落后，植被绿化率较低。如今，在茅台镇政府和茅台集团的共同努力下，树多了，水清了，天更蓝了，小镇从工业镇发展成为旅游小镇。碧绿的赤水河两岸就是种满观赏植被的河滨小路，漫步在绿树掩映下的绿道中，赤水河从身边奔涌而过，树枝上长着黄嘴黑羽的鸟在枝头跳跃，偶尔可以感受到从河谷吹来的细微的风。

茅台集团作为国有企业的代表，不仅助力我国经济建设，而且主动承担社会责任，为中国和谐社会的发展不断助力，在酿造美酒的同时以感恩之心、兼济之心回报整个社会。有人说，这才是一个大国企业的风范。但茅台集团的风范不仅体现在此处，还在于对行业发展的影响。

牵动酱香酒行业发展

提出竞合关系，维护行业生态

2018年2月，为搭建贵州白酒企业沟通对话的平台，茅台集团与贵州日报社发起第一届贵州白酒企业发展圆桌会议，主题为"同心共谱酒文章，携手共拓酒天地"，贵州各大酱香酒企业负责人纷纷积极参与。圆桌会议中，茅台集团倡导贵州酱香酒企业应以竞合促发展，在新时代市场经济的格局下，竞合发展是不可逆转的潮流，白酒企业应以"抱团取暖"代替"各自为政"。只有如此，贵州酱香酒才能在愈发激烈的市场竞争中占领一席之地。通过此次会议，黔酒企业达成竞合共识，并一致为持续推进白酒产业转型升级和提质增效、构建具备更强竞争力的酒业品牌群落而奋斗。

茅台集团之所以举办此次会议，在酱香酒领域内提倡竞合理念，是为了增加酱香酒在市场上的占有率，提高酱香酒的市场地位，并提升产区的核心竞争力。

但酱香酒行业的诸多企业面临一些具体问题。其一，酱香酒的市场占有率较低。与清香、浓香等香型白酒相比，酱香酒不仅生产周期长，产量也远不及其他香型，这在成就物以稀为贵的同时，也使其在品类扩张上有一定难度。在2018年全国白酒消费市场中，酱香型白酒仅占据15.31%的份额，而浓香型白酒市场份额则高达51.01%，几乎占据了半壁江山。其二，酱香酒行业品牌发展不均衡。在行业中，不论是从体量、销量，还是市场占比来说，茅台都位列第一。一方面，这意味着茅台处于酱香酒引领者地位，另一方面也说明其他酱香酒企业还有较大发展空间。而发展竞合关系，有利于让酱香酒企业实现从一枝独秀到百花齐放，打造出更多让消费者喜爱的酱香酒品牌。

若酱香酒行业内各酒企各自为营，甚至恶性竞争，将不利于酱香酒行业规模扩大。各酒企只有以发扬黔酒、做大酱香酒市场为目的一起努力，才能共同创建利于行业健康发展的内外部环境，为丰富酱香酒市场品类铺平道路。

作为酱香酒领域的头部企业，茅台以强大的品牌号召力，推动着行业的竞合发展。2019年的圆桌会议继续强化上一届的企业竞合共识，以"接力贵州酒业共识，续写竞合发展篇章"为主题。在这次会议上，茅台集团指出，酱香酒核心产区的建设，需要行业间的抱团发展，大企业应当积极协助小企业的健康发展，综合规划，为核心区的打造共同献策。

在持续打造下，一年一度的圆桌会议成为黔酒企业竞合发展的高端交流平台。圆桌会议创新机制的形成，对贵州白酒产业构建健康竞合生态，促进贵州白酒产业稳健发展起到了重要作用。2021年，黔酒的核心产区已经初见成效，此次白酒圆桌会议主题更上一层楼，定位为"一流产品、一流企业、一流产业、一流产区——锻造贵州白酒产业集群新黄金时代"。要想打造一流的贵州白酒产业集群，就需要所有黔酒企业围绕酱香酒产区产业链的各个方面加强合作，打造出全国闻名的酱香型白酒核心产区。

除了联合一众贵州酱香酒企业举办圆桌会议，促进贵州白酒聚力发展，茅台还带头签署了核心产区企业共同发展宣言。2020年，茅台、习酒、珍酒、郎酒、国台、劲牌、钓鱼台共7家贵州酱香酒企业，在茅台国际大酒店举行了"同心同向，聚势前行——世界酱香型白酒核心产区企业共同发展宣言签署仪式"，宣布贵州酱香酒企业将会共同朝着打造酱香酒核心产区而努力。而后，茅台又同遵义市政府共同提出实现三个全域合作，即打造全域产品，建设中国白酒高地；构建全域产业，讲好中国酱香酒故事；提升全域服务，开拓中国白酒市场。这一做法为加强贵州酱香酒企业间的交流与合作，凝聚了更多共识，有利于各家企业获得更加光明的远景。

竞合发展理念的提出对多方都有积极作用，其中最突出的是以下三个方面。

第一，酱香酒产业的市场占比不断提高。在行业竞合理念的引导下，酱香酒产业不断发展，酱香酒产能也有一定突破。2019年，酱香酒销售额占全国白酒市场的20%。2020年，占比增长到26%。2021年，占比提升到31.5%。同时，2021年，全国

酱香型白酒总产量占比有所上升,占白酒行业总产能的8.4%。㊀

第二,从集群发展看,酱香酒行业竞合观念的提出,也使贵州酱香酒产业的集群发展更进一步。2022年6月数据显示,遵义市有1.25万家白酒相关企业,排名第一。其中,规模以上白酒企业超过100家,贡献了上千亿元的产值。此外,2021年,贵州白酒产业各项主要指标保持高增长,营业收入1 570亿元、利润总额890亿元,以占全国白酒行业约4.9%的产量,实现了全国白酒行业50%以上的利润。㊁

第三,从品牌价值和地域赋能的关系上看,酱香酒行业竞合观念的提出,强化了地域对品牌价值的赋能效应,从而形成地域品牌优势。从地理环境来看,赤水河流域之于中国酱香酒,如同干邑㊂之于白兰地。当地独特的气候、环境为酿造品质上乘的酱香酒提供了不可复制的条件,这是最原始的地域赋能。在形成行业竞合观念之后,地域赋能得到进阶发展,这主要体现为产区优势的形成不断刺激消费者认知,从而让酱香酒品牌站上了更好的展示平台。行业发展推动散兵作战的趋势,也使如今的赤水流域出现一批令人瞩目的优质地域品牌,形成"美美与共"的发展态势。

随着行业发展,竞争格局也在不断演进中。2021年,中国

㊀ 摘自佳酿网《2022年度酱酒报告:酱酒进入中场 从品类竞争转向品牌竞争》。

㊁ 摘自多彩贵州网《我国白酒相关企业已超过20万家 贵州遵义最多》。

㊂ 位于法国西部,波尔多的北部小镇。

酱香酒类企业基本形成了四大阵营。第一阵营是占据50%酱香酒市场份额的茅台；第二阵营是50亿体量级别以上的酱香酒代表性企业，如郎酒、习酒等；第三阵营是10亿体量级别的企业，如珍酒、国台等；最后一个阵营，则是仁怀本地其他酒企。

极具意义的是，茅台所提倡的竞合理念，并不局限于酱香酒行业。在整个白酒行业内践行竞合理念，更是茅台缔造行业大生态的重要举措。作为市场化程度最高的行业之一，白酒行业过去各行其是、以邻为壑，造成了大量内耗，阻碍了行业的整体进步。在竞合新时代，茅台作为白酒行业的头部企业，积极承担"为白酒产业赢得未来"的时代重任，与一众企业共同构建百花齐放的业态，推动白酒产业转型升级，并在新常态下不断创新发展。

业内人士普遍认为，白酒行业未来将出现寡头的局面。白酒专家肖竹青就表示："白酒行业目前是多而散，所以说未来茅台、五粮液成为寡头的可能性较大。"行业的集中发展，会挤压中心企业的发展空间，不利于行业的稳健发展。同时，商人具有逐利性，如果中小企业没有得到正确引导，行业内会乱象丛生。为促进中国白酒行业的稳定、健康、有序发展，白酒企业只有合作，才能在行业内部建立起良好的发展生态。

引领"酱酒热"

中国白酒品类丰富，有酱香、浓香、清香等香型。而白酒

香型概念的确立，与茅台酒厂关系紧密。可以说，茅台是酱香酒品类的开创者。

长久以来，茅台坚持"以酒勾酒"，但勾兑一直是经验行为，从未上升至理论。1964年，时任茅台酒厂副厂长的李兴发认为，这种勾兑方式会使出厂酒的质量不能保持一致。当时正值茅台酒试点期间，为了改变这种现状，保持茅台酒质量的稳定，在老厂长郑义兴的指导下，李兴发带领科研小组探索茅台酒品质、风格稳定的规律。他从酒库贮存的数千坛酒中，收集了近200种不同轮次、不同酒龄的样品，进行了千百次品尝。最后，李兴发等人归纳出了茅台酒中的三种典型体，分别为：酱香、窖底、醇甜。

三种典型体的发现，使得茅台酒勾兑工艺更加科学完善，也为白酒不同的香型划分奠定了基础。基于这一发现，1979年，第三届全国评酒会正式将中国白酒分为酱香、浓香、清香、米香等几大香型。时至今日，中国白酒的香型划分已经有了12种，除了四大香型，还有凤香型、药香型、芝麻香型、豉香型、兼香型、馥郁香型、特香型和老白干型等香型。

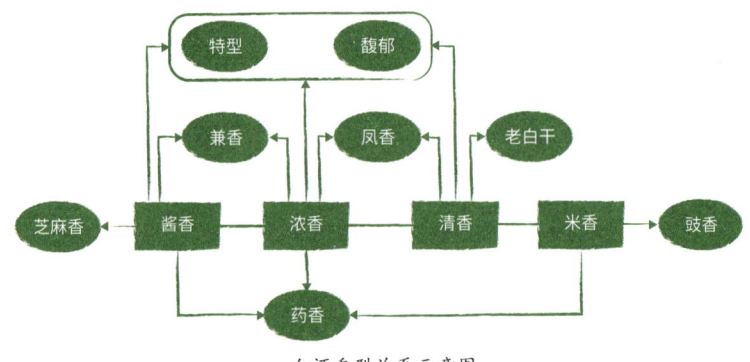

白酒香型关系示意图

香型概念的引入，为酱香酒品类的发展奠定了重要基础。此后数十年，市场主导香型几经更迭，颇有你方唱罢我登场的意味。比如，20世纪80年代，在粮食短缺及生产力低下的背景下，清香型白酒以生产周期短、成本低、粮耗低、出酒率高而引领风骚。1980年，清香型白酒的产量占到行业总量的近70%。行业"老大"汾酒在1986年的销售总量独占行业前十名的45%。并且，"汾老大"还是行业中第一个销售破亿元、利润破千万元的酒企。

又如，改革开放后，粮食产量不断提升，以川酒为代表的浓香型白酒迅速崛起。20世纪90年代，率先以多元化战略布局市场的五粮液，在昔日"汾老大"深陷金融危机和行业困境的双重打击时崛起，以其为首的浓香型阵营逐步占据销售量主导。

当热潮兴起时，改变香型是许多酒企的选择。1998年，五粮液售价超过茅台，并持续保持优势达8年以上。浓香酒的蓬勃发展，引得行业皆想分一杯羹。西北地区许多清香酒企业与西南地区的酱香酒企业，纷纷转向浓香酒的生产。但茅台始终保持定力，坚定发展酱香酒。如今，随着消费升级，酱香酒酿造迎合了消费者对健康、品质的需求，成为白酒行业备受青睐的品类。始终潜心深耕主业的"茅台效益"开始发挥强大势能，引领"酱酒热"。

从普通的消费者层面来说，"酱酒热"的最直接体现，是短时间内酱香型白酒开始在市场上受到大力追捧，且以稳定趋势保持上行态势。其中尤以飞天茅台的市场追捧度最高。社交网络上对酱香型白酒的讨论热度居高不下，数据显示，2021年，关于酱香型白酒的关键词搜索量，相较往年同期增长了7%，主打酱香型白酒的品牌搜索率甚至高达74%；而浓香型、清香型等关键词搜索率则呈现明显的下降趋势。

而从整个白酒行业表象来看，向酱香型白酒方向转轨和增加产品布局的企业数量正在逐年增加，且愈发呈现出明显的倍数级增长模式。此外，酒业之外的资本也逐渐向酱香酒领域汇集，大量的资本汇入，也在昭示着白酒的酱香热潮正在逐步牵引着中国白酒行业周期加速轮转。近十年来，大量的资本涌入赤水河流域，核心目的地是茅台镇。这些投入的资本，有的是自己建厂做酒；有的是买茅台镇的酱香型基酒自己做品牌；还有的则是一种战略投资。一时间，茅台镇到处都能看到酒厂的身影。

《2020—2021中国酱酒产业发展报告》显示，2020年，中国酱香酒的产能占白酒行业的8%，实现行业销售利润630亿元，占中国白酒行业利润39.7%。㊀也就是说，酱香酒以不到10%的产能创造了近40%的行业利润，盈利能力可期。从整体行业发展态势来看，酱香酒类企业的增长速度明显高于全国白酒行业增速，利润占比也在短短十年之内实现了三倍的跃幅增长。

出现"酱酒热"现象的重要原因是茅台的引领作用。作为酱香型白酒的代表，茅台在品牌营销力、消费市场的普遍认同及超强的营收能力方面，都显示出稳健增长、指数跃升的良好

㊀ 摘自中华网财经《十个维度、五大建议：权图工作室带来最新酱酒报告》。

态势，"茅台热"让"酱酒热"声势渐起。以数据来看，2018年，茅台就以772亿元的体量占据了酱香酒行业中75%以上的份额。2019年，中国酱香酒市场容量大约为1 400亿元，其中茅台酒就独占了1 003亿元的产品容量，以压倒性的市场占有率形成难以复刻的"茅台效应"。

当茅台跨入千亿元门槛之后，"酱酒热"拉动行业风向趋势变化的表象愈发明显。每天都有全国各地的人为了酱香酒专程前往茅台镇。有人想要买酒，有人想收购酱香酒基酒厂，也有人想做OEM贴牌。㊀热潮导致茅台镇基酒的价格水涨船高，2020年基酒价格上浮更为明显，整体增幅在20%至50%。往年以10%为平均涨幅的坤沙酒，自2020年6月起，开始向20%的幅度陡增。茅台镇部分基酒的价格增幅率甚至高达50%。㊁这只是一些小酒厂的参照数据，大厂的基酒涨幅则更大。数据显示，2021年，全国酱香白酒实现销售收入1 900亿元，同比增长22.6%，实现利润约780亿元，同比增长23.8%。㊂

随着酱香酒的神秘面纱被逐步揭开，消费者对酱香酒的认识逐渐加深，从一无所知到有所知，从浅显表层到精准深刻，从口口相传到主动选购，由"茅台热"引发的"酱酒热"开启新局面，在保证产品收益提升和品牌力量的打造之上，形成螺

㊀ OEM贴牌，即贴牌生产（Original Equipment Manufacturer），指酒厂与经销商合作，只负责代工生产某品牌产品，生产完成后，就将产品交给经销商营销售卖。

㊁ 摘自赵丹的《酱酒基酒涨价愈演愈烈"酱心"真能所向披靡吗？》。

㊂ 摘自中国食品网《〈二〇二二年度酱酒报告〉：酱酒发展进入中场》。

旋上升的正向循环。

茅台的成功样本，给酱香酒行业的发展带来了全新的可能，使得酱香型白酒在发挥自身固有优势的基础上，以茅台的成功为范本，在新一轮白酒行业周期当中，开启中国白酒的崭新纪元。

让更多人爱上酱香酒

2017年，中国白酒全面复苏。同年，粉丝经济成为中国品牌广泛关注的营销热点，社群组织、意见领袖成为带货"王者"。粉丝经济的主要特点有三：一是品牌文化对一群人有着极强的凝聚力；二是群体性传播能形成互动平台；三是能继续扩大消费群体。

互联网的高速发展，对粉丝经济有极大推动作用。在2015年的茅台全国经销商联谊会中，互联网升级成为热议的话题。互联网和粉丝经济结合的结果是，消费者之间的沟通壁垒越来越小，消费意识逐步升级，消费者需要实现更多的品牌互动。

粉丝经济这种新的商业模式被茅台确定为未来主要发展方向之一。发展粉丝、培养粉丝成为茅台在新的消费时代作为行业领跑者的任务。

"让更多人爱上酱香酒"成为牵动整个行业的新时代行为。从2017年开始，茅台陆续开始构建粉丝经济，创建社群，发展更多茅台的忠实消费者。其中，不同规模的"茅粉节"成为主要的方式。

2017年9月30日,在茅台镇举行的第一届全球"茅粉节"正式开幕。这次活动为全球热爱茅台酒的人提供了一个共同的平台,而"茅粉"也成为这群人共同的名字。这场"茅粉节"通过开展"让老酒回家茅台老酒品鉴""大师面对面""公益拍卖""茅粉之夜晚会"等活动,将茅台文化、酱香酒文化以丰富多彩的形式传递给了更多人。

"茅粉"成了茅台作为行业领跑者传播酱香酒文化的重要落脚点。让更多人爱上酱香酒,茅台主要做到了三点:

第一,通过"茅粉节"展示产品、品牌、企业形象。在历届"茅粉节"中,茅台都全力传播茅台故事。从茅台品鉴会到茅台历史溯源,"茅粉节"本质上是一次不包含任何买卖关系的茅台消费者盛会。文化故事的传播,更能连接消费者的内心,没有销售关系的营销,反而用文化征服了消费者。

第二,建立平台,为更多人创造与茅台亲密互动的机会。粉丝经济的特点就是依托社群和粉丝平台让营销产生集群效应。在第一次"茅粉节"前,茅台上线了互动社区及购物平台——茅台物联网云商。这个平台将茅台集团、经销商、专卖店及消费者汇聚在一起,搭建出了一个线上线下相融合的平台。

第三,开展全球性活动,实现营销变革。茅台的"茅粉节"不仅在中国举办,也在国外举办。贵州茅台酒进出口有限责任公司的数据显示,截至2019年9月,贵州茅台酒进出口有限责任公司已在过半数的"一带一路"国家和地区布局了茅台海外经销商，出口产品中飞天茅台占比较多。㊀截至2019年，茅台已经在全球五大洲67个国家和地区，布局115家海外经销商，海外市场的销售网络布局日趋完善。㊁

海外市场的开拓让更多人爱上了酱香酒。2019年，茅台集团依托海外社交媒体平台，如Facebook、Twitter、YouTube、Instagram等推进茅台酒的海外营销。加上海外"茅粉节"的不断推广，2019年10月31日，茅台共出口茅台酒1 576.82吨，销售金额达3.69亿美元。㊂

当前，茅台酒市场已覆盖亚洲、欧洲、大洋洲、美洲、南部非洲及中国重要口岸的免税市场，这表明茅台的海外市场网络布局正在日趋完善，国际化程度正在不断加深。茅台在开拓海外市场的同时，还依靠举办"茅粉节"，从传统的商业模式向新模式过渡，实现营销变革。

以市场和顾客为中心，是茅台一以贯之的原则。"茅粉节"的创办加大了文化宣传的力度，而云商平台的线上销售加大了变革的力度。正是有了这样的平台，才能实现不断培养忠实的粉丝，整合粉丝资源，促进服务升级，让更多人爱上酱香酒。

㊀ 摘自《中国日报》的《拥抱"一带一路"，贵州白酒香飘海外》。
㊁ 摘自《新京报》的《文化茅台"一带一路"行将再次走进非洲》。
㊂ 张小军，马玥，熊玥伽.这就是茅台：千亿企业成长逻辑[M].北京：机械工业出版社，2021.

06
构建品牌美誉力壁垒

"贵州茅台,是我们中国人的信仰。"

这是一名网友发布在社交平台上的感想。短短几个字,体现出中国人对茅台难以割舍的情结。如今,茅台正在完成从品质到品牌,再到信仰的影响力生长。在这个过程中,美誉力将持续发酵,与品牌相互交织,共生共长,构筑企业发展的竞争壁垒。

品牌壁垒优势

白酒行业品类众多，每个品类又有不计其数的品牌，但是这些成千上万的品牌中，为人们所熟知的不过凤毛麟角。例如，消费者提及酱香型白酒，首先会想到茅台、郎酒、习酒等品牌；提及浓香型白酒，首先会想到五粮液、稻花香、剑南春等品牌；提及清香型白酒，首先会想到汾酒、同山烧、二锅头等品牌。人们之所以会对这些品牌形成条件反射式记忆，正是因为茅台、五粮液等知名品牌在产品同质化和信息过剩的市场环境里，构建了一条品牌壁垒的"护城河"。

企业通过对品牌进行经营管理构建品牌壁垒，能够在法律和市场竞争等领域利用自身优势资源，建立阻止竞争对手进入的屏障，从而确立市场竞争优势、保障本企业的市场领导者地位。[一]一旦消费者在同一产品品类中对一个或几个固定品牌形

[一] 王迎鑫，易文双.企业构建品牌壁垒的策略研究[J].中国商界（下半月），2008（11）：59.

成高度认可，那么其他已进入该品类的企业成长速度就会被遏制，也提高了那些还未进入该品类企业的进入门槛。这是企业不遗余力打造品牌、构建品牌壁垒的重要原因。

具有品牌壁垒的产品，能够在一定程度上获得消费者的品牌忠诚度、信任感和追随力，在市场竞争中能出其不意地击败对手。除了在同行中掌握竞争和品牌宣传的有力武器，品牌壁垒还能够增强阻止潜在竞争者进入该行业的力度。一旦某产品成功构建起品牌壁垒，那么消费者在同一品类下消费时会有意识地选择该产品，这样会使拥有该产品的企业占据垄断地位，同时提高了其他企业与其竞争的成本。

为了在激烈的市场竞争中占据优势、赢得胜利，企业会通过多种策略构建品牌壁垒。其中，制定品牌战略是构建品牌壁垒的重要环节，从顶层设计上为产品品牌规划了发展路径。企业通过创立良好的品牌形象提升产品知名度的战略选择，一方面能够吸引消费者、提升消费者对该产品的忠诚度；另一方面能够进一步开拓市场、扩大市场占有率，最终获得丰厚的利润回报。[一]

例如，茅台多年来始终坚持高端酱香型白酒定位，充分利用当地悠久的酿酒历史底蕴，将传统工艺与现代化管理相结合，发挥15.03平方公里核心酱香酒产区的地理优势，为茅台构建起强大的品牌壁垒；五粮液发挥600多年明初古窖、5种粮食

[一] 石英丽. 浅谈品牌战略［J］. 现代经济信息，2010（13）：84.

配方、独特的酿造工艺等六大独有优势，走快速扩张路线，以经典五粮液为核心品牌，同时打造五粮春、五粮醇、五粮头曲等诸多子品牌，抢占市场份额、构建品牌壁垒；一些时尚品牌以明星代言提升产品知名度，通过不断创新产品满足消费者需求等方式构建品牌壁垒。

能够经得起时间检验的品牌，往往既具有知名度，又兼具美誉力。在构建品牌壁垒时，这两者具有同样重要的意义。缺少知名度，即使产品本身的高品质对消费者极具吸引力，但因为消费者局限在小范围内，也不利于品牌的持续发展。缺少美誉力同样如此。即使品牌商通过投放大量广告或促销等方式，吸引了消费者的注意力，打响了品牌知名度，但通常不能持续，最终还是会因产品缺乏美誉力而落得惨淡结局。只有将知名度与美誉力两者完美结合，才能构筑坚固的品牌壁垒，让品牌在激烈的竞争中赢得更大的市场份额。

品牌壁垒是企业的核心能力，对这种能力的培养贯穿企业的整个生命周期。对于任何一家企业而言，成功构建品牌壁垒并非意味着终点，而是新的起点，对它的维护时间将与企业的生命等长。只有始终坚守高品质不动摇，并且在不断变化的市场环境中为产品注入活力，品牌壁垒才能在时间长河中延续下去，并不断被时间赋予新的内涵。

来自国际品牌管理的启示

茅台集团在这条以美誉力为动力的品牌发展道路上不停向前,同时不断开阔视野,将目光转向国际视角下的品牌研究。不论是一流酒企,还是世界五百强,他们对品牌和美誉的独到见解,都可以成为有益借鉴。在塑造品牌的过程中,这些企业无一例外都获得了强大的美誉力,并形成独特的品牌竞争力。因此,纵观其他企业的品牌管理方式,两相比较后再思考茅台品牌的优势和生长,更具现实意义和价值。

帝亚吉欧的并购型扩张

在众多品牌都在做瘦身和品牌管理的时候,帝亚吉欧反其道而行。它是世界第一酒企,公司旗下品牌横跨蒸馏酒、葡萄酒、啤酒三大品类。在大中华地区的市场中,它不仅以洋酒占领市场,还逐步占领了白酒市场。为什么帝亚吉欧能够打造出百花齐放的品牌强势阵容？相比茅台的大单品胜利，它还做对了什么？

1997年，大都会和健力士两大企业合并成立帝亚吉欧集团，此时它已经拥有尊尼获加、健力士黑啤等国际品牌。在全球100个知名酒类品牌中，帝亚吉欧靠着强势的品牌打造力将旗下17个品牌推上榜单。截至2021年12月底，帝亚吉欧占据全球洋酒市场份额的30%，业务遍及180个国家和地区。曾经有人说过，如果你想在世界上找出横跨蒸馏酒、葡萄酒和啤酒三大顶级酒类市场的企业，答案只有一个：帝亚吉欧。

截至2022年8月底，帝亚吉欧能创造出三大酒类市场的酒业帝国，达到如今的规模和无人可及的竞争力，主要依靠大力收购其他企业。早在大都会和健力士合并前，健力士就收购了Distilers公司，拥有了尊尼获加、帝王、布坎南三个世界级品牌。2001年，帝亚吉欧收购了加拿大施格兰（Seagram Sprits）及英国联合道麦克（Allied Domecq）的部分品牌。

截至2022年8月底，帝亚吉欧依靠并购已经拥有了全球前100个酒类品牌中的17个，其中包含：世界第一的伏特加品牌斯米诺（Smirnoff）、世界第一的苏格兰威士忌品牌尊尼获加（Johnnie Walker）、世界第一的利口酒品牌百利甜酒（Baileys）、世界第二的朗姆酒、世界第一的龙舌兰酒，以及世界第一的黑啤健力士（Guinness）。

帝亚吉欧通过并购获得的各个品牌在各品类细分市场中获

得了消费者的普遍喜爱。其中，尊尼获加威士忌被誉为"行走的绅士"。而斯米诺伏特加更是依靠英国系列电影《007》中的主角詹姆斯·邦德钟情的马天尼鸡尾酒获得全球大批消费者的追捧。

从营业规模上看，并购展现出了对公司盈利能力的重要影响，从1997年至2000年，帝亚吉欧靠出售旗下子业务获得25亿英镑的资金，而仅花费6亿英镑用于收购。㊀

如今，帝亚吉欧是当之无愧的全球最大洋酒公司，有着独特的竞争力。自从它分别在纽约和伦敦的证券交易所上市、名列《财富》杂志的世界五百强后，其市值仍在不断攀升。

帝亚吉欧发布的2021年上半年财报显示，即使遭受疫情的冲击，其获得的营业收入也达到了1 142.3亿元，同比增长16%，其中北美地区增长20.2%，亚太地区增长14%。同时，其旗下的龙舌兰酒和苏格兰威士忌及伏特加，在市场中的增长劲头尤为强劲。2021年，龙舌兰酒的销售额同比上涨79%，苏格兰威士忌则上涨了15%，伏特加在除了亚太市场的所有地区都实现了增长。

在全球不同国家、不同酒类市场，帝亚吉欧旗下品牌都在演绎着成功的故事。如此多的成功品牌聚集在一家企业中，使帝亚吉欧自身也散发出了十足的魅力。

㊀ 邢庭志.国际消费品巨头资本并购对茅台集团战略扩张的经验启示[D].上海：上海交通大学，2015.

保乐力加的多品牌共生

作为全球第二大酒企，保乐力加擅长通过建立多品牌共生体系创造独特的竞争力。保乐力加来自法国，成立时间早于帝亚吉欧，因为是保乐公司和力加公司两家酒企合并而成，所以融合兼并的包容思想在集团成立的开端就已彰显出来。

20世纪30年代，保乐公司和力加公司还只是做苦艾酒的小公司。几经禁酒令和战争的洗礼，它们的主营产品由苦艾酒变为温和的餐前酒——茴香酒。此后，两家公司在此狭小的品类空间中不断竞争，最后决定合并为保乐力加公司。合并后，保乐力加的发展从收购本土品牌开始不断加速，先是收购了爱尔兰的威士忌品牌，然后扩大品牌层级，收购芝华士等中高端酒，之后又开始向百龄坛这样的高端酒发起冲击，在2008年以56.26亿欧元收购了绝对伏特加。

保乐力加对不同品牌进行了清晰的层级划分。第一层是战略性国际品牌；第二层是战略性本土品牌；第三层是专业品牌和小规模的精品牌；第四层则是葡萄酒线和超高端线的品牌。依靠精妙的产品线和品牌矩阵，保乐力加的竞争实力不断提升。

通过对其品牌管理理念的综合分析，可以将保乐力加的品牌管理特征总结为三点：集团分权化的管理系统、坚持多品牌运作、独树一帜的公司品牌。

分权管理模式是保乐力加成功的重要原因之一。在这样的

理念下，保乐力加的酒业帝国不断扩大。保乐力加的公司结构为集团公司、品牌公司和分销公司。其中，集团公司作为头部领导，规模并不大，且不参与具体的日常业务，主要工作在于制定集团发展的长期战略，并消除过程中的不良因素，维护结果。作为领导机构，保乐力加集团公司用更多的精力关注与股东的关系和外部生长的机会，具体的实施策略则由下属的品牌公司和分销公司完成。从集团架构来看，这样的结构能够紧贴市场和消费者，使公司呈现出更多活力。

从美誉力效能来看，保乐力加的做法能够最大限度地激活第三方和市场的活力，使其品牌得到长足发展。作为保乐力加下属公司的品牌公司，它们享受着"品牌分权"的自由发展。品牌公司可以集中精力生产关键产品，并以全球视角制定长期市场营销战略。

此外，保乐力加旗下令人瞩目的品牌大多属于不同的品类，各品牌之间很少出现细分领域的内部斗争。例如，马爹利占据白兰地市场，芝华士是苏格兰威士忌的代表，而百龄坛又扎根于苏格兰威士忌赛道。各品牌从产区和地域特色打造自己的产品。其中，芝华士就以品质、产品文化作为品牌的强识别。从产品本身来看，芝华士是最早的调和型威士忌之一。它以12年、18年、25年三种产品作为主线，突出自己的老熟和陈酿工艺。同时，又将其企业历史和英国皇室的历史紧紧联系在一起。在品牌广告宣传中，芝华士运用极简和具有悬念感的画面与广告词显示独特的品牌定位和文化，吸引了更高端的用户群体。

在成长道路中，保乐力加更像一个幕后操盘手，让各种酒类品牌在舞台上风光无限。众多并驾齐驱的强品牌共同推动市场，呈现出此消彼长、势均力敌的态势。这也是其多品牌生生不息、占据各个品类又各领风骚的重要原因。

可口可乐的大单品战略

2021年2月9日，茅台当日收盘价位达2 456元，市值正式突破3万亿元大关，超过了全球食品行业老牌企业可口可乐。虽然可口可乐依靠独特配方、工艺，以及不可复制性畅销全球，但茅台从未将可口可乐视为对手，而是视为不断学习的目标。在品牌特征方面，两者有相似之处——依靠大单品战略制胜。

具体来看，可口可乐大单品战略的成功，可以归结为四个原因：

第一，解决工艺局限性问题，实现现代化批量生产。可口可乐的配方保密，但不影响其批量生产。因其制作原浆的独有配方，除了绝对保密部分，其余已经拆分为相应工序。原浆出厂之后，就被送到不同阶段的制作工厂，进行冲调、罐装及包装。

第二，建立全球环环紧扣的供应链体系，满足市场的大规模需求。哪里有市场需求，哪里就有可口可乐。为保障原材料供应，20世纪初，可口可乐就靠固定浓缩糖浆进价、签订长期协议等做法提高装瓶商的生产积极性。20世纪70年代，可口可

乐提高了供应链中流的控制力，并分设公司缩小资本规模，提高公司收益。如此一来，公司就形成了网状结构供应链，从而更好地应对市场变动和多种不确定性因素。

第三，有明确的、可识别的品牌文化，以及强大的文化自信。

可口可乐为用户传递了独特的文化价值观。美国学者约翰·耶马在《世界的美国化》一文中说："美国真正的武器是好莱坞的电影业、麦迪逊大街的形象设计厂、马特尔公司和可口可乐的生产线。"可见，可口可乐在美国文化传播中具有重要地位。

通过传递独特的文化价值观，可口可乐获得了忠诚的消费者，向消费者传递品牌信仰，并在此过程中塑造品牌文化。作为美国最具代表性的品牌之一，可口可乐将美国文化作为公司的底层文化逻辑，正是因为有这样的消费文化，哪怕在一个乡村的小卖部，人们也可以买到可口可乐。据统计，全世界每秒就有超过万人正在享用可口可乐生产的饮料。其背后展现出的美国式自由、乐观和英雄主义，是可口可乐文化自信的源泉。

第四，在品牌营销传播中，可口可乐擅长用情感交流的方式获得消费者认可和信任。

首先，本土化战略是可口可乐最为人称道的一项举措。"Think Local，Act Local"就是可口可乐本土的信条。以更贴近本地风土人情的理念进行市场开拓和品牌建设，更能俘获人心。例如，可口可乐根据中国口味生产了众多仅在中国市场出售的产品。除了产品和口味，可口可乐在渠道、价格、促销等方面也在朝本土化发展。

其次，可口可乐的产品开发以不同方式连接消费者情感，进而传递品牌情感。例如，根据人们的消费习惯和生活理念，可口可乐大单品早早衍生出低糖款、零度可口可乐及健怡可口可乐。这让消费者意识到，不同的生活方式都值得被认可。尤其是健怡可口可乐和零度可口可乐推出后，其北美市场份额一度攀升。再比如，可口可乐还演化出青柠、甜姜、樱桃、血橙和芒果等多种口味，为喜好不同的消费者提供了更加多样化的选择。

另外，可口可乐还通过举办品牌活动、关注热点问题、投身公益事业等来连接消费者情感。在中国市场，可口可乐在许多重大的社会活动中进行品牌宣传，并开展过大量公益活动。2013年，第六届东亚运动会的赞助商中就有可口可乐的身影，这对提升其在中国、日本、韩国等东亚国家和地区的品牌美誉度和影响力有极大促进作用。

在中国，可口可乐启动了"长江美丽家园计划"和"可口可乐520计划"。"长江美丽家园计划"以长江水资源保护为核心，可口可乐联合中国国家林业局⊖湿地保护管理中心和世界自然基金会，探索长江流域保护新模式。"可口可乐520计划"主

⊖ 2018年，根据国务院机构改革方案，将林业局的职责整合，组建国家林业和草原局。

要是针对正在创业和有创业需求的女性开展系列培训。该计划也是可口可乐在全球推动的可持续发展项目中妇女扶助计划的重要组成部分。

通过各种社会活动，可口可乐传递出正能量的企业文化，与消费者产生情感共鸣，从而感染消费者，培养忠诚的消费者。

马爹利：白兰地符号私有化

洋酒种类繁多，能被大众接受并喜爱的当属白兰地。而白兰地中，也有来自世界各地的品种。法国干邑地区生产的白兰地最为知名。这一产区的地理位置在法国夏朗德省，以及滨海夏朗德省的大部分地区。只有这里生产的白兰地才被允许称为干邑（Cognac）。

根据法国AOC制度，[一]干邑从葡萄产区、葡萄品种、葡萄的种植密度、产量、成熟时的质量标准、采摘时间到酿酒方法、陈酿时间等都有严格的规定。正是因为如此繁复的工艺、稀少的产量，才让干邑享有顶级白兰地之名，被视为高品质的代名词。

人们一想起白兰地，总能想到马爹利旗下的品牌。例如，

[一] AOC是Appellation d'Origine Controllee的缩写，意思是原产地名号控制。这一制度对葡萄种植的地理边界、允许种植的葡萄品种、葡萄种植法、酿酒法等确立了评判标准。

马爹利名士、马爹利蓝带、马爹利金牌等。马爹利的成功正是靠紧抓产区的特点，实现了白兰地符号私有化。

整体来看，马爹利通过三大举措，实现了与白兰地的紧密捆绑。

第一，巨大的藏酒量及当地资源的大比例占有。无论年销量，还是在干邑产区的藏酒量，马爹利都能拔得头筹。马爹利年销2 160万瓶，是区内最大的藏酒户，其贮藏量相当于1亿瓶。[一] 如此巨大的销售额及藏酒数量，让马爹利成为法国干邑产区的白兰地代表。这也让马爹利在白兰地符号私有化的道路上，拥有了足够大的产量优势，具备坚实的基础。

第二，马爹利成功将产地特点打造成产品和品牌特点。这样的特点集中体现在马爹利白兰地的口味上——甘醇、鲜味浓郁，以及带有紫罗兰芬芳。

干邑产区独特的地形及海洋和河流的汇入让当地形成了温和型的海洋气候。当地的气温分布均匀，除了沿海地区，日照更多，温差变化较小。全年雨水充沛、气温稳定，让干邑产区的葡萄原料有了醇厚的风味。当地的林区和土壤环境让白兰地带有独特的植物香气。在马爹利的白兰地产区，其边缘区和上林区等多重特点，让马爹利白兰地带有非常迷人的坚果香气，并且形成干而细腻的口感，还有些丰腴的滋味。

[一] 杜鹃. 马爹利：三百年的经典传承[J]. 现代企业文化（上旬），2015（01）：64-65.

第三，马爹利依靠庞大的产品线和品牌效应实现白兰地符号私有化，并长期捍卫自身地位。在马爹利的产品线中，有多款经典产品，而且围绕着产地特色形成了高识别度的品牌矩阵。例如，马爹利X.O.融合了大香槟区的强劲力度和马爹利特有的幽雅精致的口感；马爹利名士和马爹利金牌则以纯正风味和高端产区的身份出场。

在其品牌矩阵中，马爹利蓝带备受关注，该品牌已是白兰地优质产区的代名词。马爹利蓝带是一款X.O.级别的干邑，主要强调优良的制作工艺和地域唯一性。从工艺上看，一瓶马爹利蓝带需要用9升的宝德区葡萄酿制而成。其独特的紫罗兰芬芳则使其成为法国干邑产区唯一性的代表。

马爹利创始人的第十代后裔爱德华·马爹利为自己的杰作取名"蓝带"，意以"蓝色带子"为标志象征卓越品质，更以经典的"montre"瓶型设计打破当时干邑瓶铺张炫耀的浮夸设计之风。马爹利蓝带的问世，被赋予了全新的使命：以一种崭新的干邑标准，征服全世界一流的酒店与餐厅，成为一款能够取悦最挑剔的鉴赏家的干邑。

马爹利蓝带见证了许多关键的历史性时刻，比如其曾作为1918年"一战"停战会议的庆祝酒，也是1956年摩纳哥王妃格蕾丝·凯莉的婚礼专用酒。从种种历史细节中，可以看到蓝带无疑深受名酒雅士的青睐。1936年，在玛丽皇后号豪华游轮上，蓝带被选为VIP用酒；1956年，在格蕾丝·凯莉的婚礼上，蓝带被指定为婚礼用酒；1975年，在协和式飞机上，蓝带被用作巴黎至纽约头等舱用酒；1986年，在东方快车上，蓝带被用作威尼斯—哥本哈根线路的餐吧用酒。

从部署产区庄园，到建立品牌线，马爹利都是依靠着产区的地域唯一性捍卫其白兰地风味和品质特点。2021年，90%以上的马爹利产品被销往140个国家，它的世界销量占全球白兰地总销量的17.5%。在英国、意大利、墨西哥等诸多国家的市场上，马爹利都有着强大的品牌竞争力和影响力。

不可复制的茅台品牌

从发展阶段和生长规律来看,茅台既有可口可乐式的大单品战略,也有多品牌矩阵的赋能,占据酱香酒品类的制高点,并且深谙品牌瘦身之道。

在不同阶段,茅台采取不同的品牌战略,以不断强化品牌美誉力壁垒。贵州茅台酒销售有限公司的陈红梅提及,贵州茅台能够成为白酒行业的领先者,离不开长期良好稳定的品牌形象管理。[一]

茅台品牌管理的历程是茅台品牌发展的变革之路,也是美誉力蓄势的道路。从中可以看到,茅台独一无二的品牌美誉力优势如何形成,又如何与品牌互相影响,最终带动品牌价值持续增长。

[一] 陈红梅.贵州茅台品牌维护与提升研究[D].成都:四川师范大学,2012.

坚持大单品

在中国白酒行业，许多企业都有自己的大单品。例如，52度五粮液水晶瓶、泸州老窖"1573"、郎酒"青花郎"、沱牌"舍得"等。其中，茅台无疑是大单品的引领者和坚守者。

茅台旗下53度飞天茅台酒被誉为经典，是茅台的代名词。中泰证券研究所统计的2020年"国内大单品销售额情况"显示，53度飞天茅台酒以620亿元的销售额，稳居榜首。2020年茅台创造了近千亿元的营业收入，其中，53度飞天茅台酒的销售额占据全集团六成以上，足可见其在行业中的强大竞争力。

为什么茅台能够孵化出大单品，并在国内大单品的销售中取得绝对性胜利？这引起了行业内外人士的热议。茅台在大单品战略上取得胜利，离不开对品质的坚守、对价格的捍卫及对主业的专一。

大单品的打造需要回归源头，即在产品本身下功夫，产品品质是最为关键的制胜法宝。但在占领市场的过程中，不少企业经受不住利益的诱惑，忘记培育产品的初心。例如，20世纪90年代，中国白酒行业呈现无序发展的局面。彼时白酒广告大行其道，知名或不知名的白酒纷纷出现在报刊、电视等媒体上。其中，秦池与孔府家靠着央视广告一跃成为全国性知名品牌，其余通过广告亮相的酒企也获得不错的销量，市场逐渐形成"只要打广告，就能把酒卖"的观点。一时之间，白酒行业人心浮躁，一些酒企为了迎合市场需求，不惜损耗质量盲目扩

产。但追求产量忽视质量的企业，很快就被残酷的市场淘汰，虚假的市场繁荣终究回归了平静。

茅台之所以能保持正向增长，很大原因在于时刻掌握着品质这一制胜法宝。一直以来，茅台上至领导，下至一线员工都视质量为企业发展的根基，始终坚持"质量是生命之魂"的发展理念。茅台更像一名热爱钻研的"老酒匠"，在质量方面精益求精：从14项茅台酒工艺操作要点，到成功制定指导茅台酒生产的企业标准和质量评测制度，再到将ISO 9001国际标准引入茅台生产质量体系等，茅台已构建起全流程的质量监管体系，不仅为稳健扩产奠定坚实的基础，而且为茅台的高质量发展持续赋能。

正是对高品质的追求，使得茅台酒在消费者心中逐步占据"金字塔尖"，从而获得极高的美誉度，形成不可替代的产品符号，质量也成为茅台大单品战略获得成功的基础。

53度飞天茅台酒能在各企业大单品竞争中取胜，与其价格的坚挺也分不开。观察我国白酒行业各酒企产品的价格变化，若以X轴为时间，Y轴为产品价格，在坐标系中，大多数酒企的价格随着时间的推移而频繁上升或下降，呈现出曲折的态势。而相对于其他酒企而言，53度飞天茅台酒整体处于稳步上升的态势。2012年，53度飞天茅台酒出厂价在寒冬坚挺，其价格曲线愈发稳健，至今一直稳居行业第一，成为行业价格风向标。

茅台能在价格上保持稳健上涨的态势，离不开企业在复杂多变的行业环境中对价格的捍卫。2012年，我国白酒行业的内生泡沫开始破灭，整体进入深度调整期。为盘活企业，不少企业主动降低出厂价。2014年，五粮液将出厂价从729元降低至609元[一]，并在此后频繁调整价格，甚至出现产品倒挂的现象。但同样深陷行业调整中的茅台始终将出厂价保持在819元，并在2013年率先以999元的价格向经销商开放。[二]茅台酒价格的坚挺，给予了消费者与市场莫大的信心，保障了各方的利益。稳固的价格是让大单品魅力依旧的关键因素。

此外，大单品的成功打造还需要极多的时间与精力，而茅台始终专攻主业，并集中所有资源来打造它。

一直以来，茅台以为消费者酿造好酒为使命。因此，在白酒行业盛行跨行业多元化发展之风时，茅台也始终以主业为发力点，即便是扩展多元化业务也始终围绕酒业展开。在短时间内，茅台的收益或许不如其他多元化发展的企业。但从长远来看，过度多元化的发展势必会分散酒企的精力，进而削弱其主业的竞争力。而茅台长期聚焦于主业，集中力量投入生产53度飞天茅台酒，提升大单品的核心竞争力，因此其竞争力远高于其他酒企的大单品。

以营销为例，市场化初期的茅台为占领市场，迅速组建起训练有素的销售队伍，花费了大量的时间与精力，在全国各省会城市中选择极具竞争力的合作单位，并建立特约经销商的营

[一] 摘自王锦的《五粮液调低出厂价及终端零售价》。

[二] 摘自张明的《茅台价格跌至850元/瓶 经销商赔本赚吆喝》。

销模式,以扩大茅台酒的销售网络。2012年行业深度调整期间,当不少酒企试图借助多元化布局"回血"之时,茅台却不断加强茅台酒的营销,并提出"以经销商为主、直营店为辅,以实体网络销售为主、虚拟网络销售为辅"的营销战略,开拓更多样的营销方式。这一做法使茅台酒始终保持强劲的核心竞争力,也不断提升了茅台的品牌效应。

在高质量发展的当下,茅台不仅集中力量进一步完善茅台酒的销售体系与销售布局,还更加注重营销队伍的建设,推出"五合营销法",即资源整合,实施主动营销法;数字融合,实施数字营销法;文化相合,实施文化营销法;品牌聚合,实施品牌营销法;管服结合,实施服务营销法,从而赋能茅台酒的销售工作。面对未来五年冲进"世界500强"的目标,茅台也坚持以主业为其重要发力点,这意味着,茅台将在营销方面投入更多资源。

作为茅台的大单品,53度飞天茅台酒能获得如今的市场效应,并不是一蹴而就的,其背后是几代茅台人的苦心经营。对于整个白酒行业而言,茅台的大单品打造路径无疑具有极高的参考价值,各酒企可以此为鉴,打造具有竞争力的大单品,持续为企业赋能。

持续发展的品牌矩阵

在专注于大单品战略的同时,打造品牌矩阵也是茅台的重要战略。在品牌进阶式成长中,茅台先后经历了开辟酱香酒新品牌、开拓新品类、开发系列酒、集群式发展等多个大事件。

第一,茅台在早期所做的品牌开拓和尝试,给以后实现品牌集群式发展提供了坚实基础。

茅台对品牌开辟的尝试始于20世纪80年代,在改革开放的浪潮下,贵州茅台酒厂劳动服务公司正式成立。1985年,该公司下属的附属酒厂生产的"台源窖酒"正式面市,成为中国茅台子品牌战略的发轫之作。此后,茅台加速拓展新品牌,并在1999年、2000年分别推出茅台王子酒与茅台迎宾酒。这两款酱香酒的使命,就是让购买力一般的消费者也能喝上高品质酱香酒。在消费水平不高的年代,这两款酱香酒应需而生。上市后,两款产品由贵州茅台股份有限公司和茅台酒营销公司一同经营运作。但在茅台王子酒与迎宾酒上市之初,市场定位还不准确,导致其后十年的运作不温不火,市场也未有效铺开。以上品牌均属于茅台在开拓品牌时的早期尝试。

20世纪90年代,茅台开始在品牌开拓方面进行第二次尝试,推出了其他酱香酒品牌——茅台陈年酒。1992年,茅台相继推出陈年系列酒:汉帝茅台酒、80年茅台酒、50年茅台酒及30年茅台酒。对这一系列的陈年酒,茅台分别采用不同比例的1915年巴拿马博览会金奖茅台酒进行勾兑。这不仅让茅台陈年系列酒味道更加醇厚,其收藏价值和纪念意义也随之增加。

对中国白酒而言,纪念价值是一种非常重要的价值。从这一点出发，茅台在品牌开拓上开始了第三次尝试。

2010年，茅台推出贵州茅台酒（十二生肖）特别收藏版，共12瓶，包含12种生肖款式，将国粹和高品质白酒融合在一起，打造出中国白酒宝贵的文化景观。至今，茅台生肖酒都是大受欢迎的产品，其价值不仅在于饮用和收藏，还有与中国消费者之间的文化共鸣。

第二，茅台向其他品类延伸，进一步助力茅台品牌矩阵的搭建。

1994年，茅台提出"一品为主、多品开发"的发展战略。随后几年，在此战略引领下，茅台在酱香酒的基础上，拓展出其他品类酒，葡萄酒和啤酒就是其最为典型的尝试。从多品牌走向多品类，是茅台品牌矩阵不断丰富的标志。

2002年，贵州茅台集团在被国家命名为"中国酿酒葡萄之乡"和"中国干红城"的河北省昌黎县，创办了其唯一一家省外公司——贵州茅台酒厂（集团）昌黎葡萄酒业有限公司。企业以"酿造中国自己的葡萄酒，酿造高品位生活"为追求，提出"茅台干红红天下，国酒风采彩五洲"的宏伟目标。在当年的糖酒会中，茅台宣布茅台葡萄酒酒庄项目正式启动，这不仅体现出茅台葡萄酒向高端葡萄酒行列进军的决心，也是茅台走向国际化的开端。

到2020年年初，茅台葡萄酒已经形成五大产品体系，即经典系列、橡木桶陈酿系列、核心老树系列、大师系列与庄园系列，茅台葡萄酒产品结构基本调整到位，进一步推动市场的铺开。同年，茅台葡萄酒的年销售额已经突破3亿元。

在开辟红酒品类之际，茅台又踏入啤酒领域。2003年，贵州茅台啤酒有限责任公司成立，由中国贵州茅台酒厂有限责任公司控股企业。茅台牌系列啤酒是由优级澳大利亚麦芽、优级进口酒花浸膏、质地良好的优质糯米和具有喀斯特地貌的深山泉水加之独特的配方和酿制工艺精制而成的。酒体清亮透明，色泽呈淡黄带绿色，风味纯正爽口、协调柔和，酒花芳香突出，泡沫洁白细腻，挂杯持久，口味独特。

不同于茅台葡萄酒，茅台啤酒选择了另一条发展道路。2011年，茅台啤酒和华润雪花啤酒达成战略合作。茅台啤酒以实体投入，华润雪花出资2.7亿元，双方共同成立华润雪花啤酒（遵义）有限公司，共同推动我国啤酒事业的发展。

不过，虽然葡萄酒和啤酒的品类开拓是茅台具有突破性的尝试，对茅台品牌矩阵的搭建起到重要的作用，但是，从茅台发展态势及投资情况看，酱香酒依旧是茅台品牌矩阵的主力军。

第三，联合系列酒和子公司品牌打造品牌矩阵，构筑茅台发展护卫舰。

2012年，白酒行业进入深度调整期，这反而为茅台提供了一次弯道超车的机会，最终实现了整个酱香酒品类的崛起。在这场危机中，茅台不仅坚守53度飞天茅台酒的市场地位，还大力发展子品牌，聚合形成"三茅一曲四酱"品牌矩阵，开启

"一品为主，多品发展"的战略模式。

2015年年初，茅台提出打造"三茅一曲四酱"系列酒品牌体系，借助茅台酒的品牌，将系列酒推向市场，以壮大贵州茅台整个酱香酒家族的发展力量。其中，"三茅"指赖茅、王茅、华茅，"一曲"为贵州大曲，"四酱"为汉酱、仁酒、茅台王子酒和茅台迎宾酒。

2017年，茅台将品牌体系调整为"1＋3＋3"。其中"1"为一个核心产品，即53度飞天茅台酒；第一个"3"指茅台王子酒、茅台迎宾酒和赖茅三个全国性品牌；第二个"3"指三个区域性品牌，即汉酱、仁酒、贵州大曲。2018年，茅台基于这一品牌架构，采取"一核带动，双轮驱动"的品牌集群方式开拓市场。2021年茅台酱香系列酒实现营业收入118亿元，同比增长22%，利润高达51.85亿元，达到了历年最佳水平。

除了系列酒，子公司品牌也成为茅台品牌矩阵中的重要力量。作为战略引领者，茅台集团给旗下子公司提供充分的品牌发展空间。例如，习酒公司有君品系列、习酒窖藏系列、金钻系列等，技术开发公司有茅台醇，生态农业产业公司有悠蜜蓝莓酒。其中，尤以习酒在酱香酒市场中的发展最为耀眼。自1998年茅台兼并习酒以来，经过22年发展，习酒在2020年销售额破百亿元，达103亿元，成功跨入百亿企业行列。也是在这一年，习酒推出的核心产品"君品习酒"品牌价值达到478.98亿元，在全区酒类产品中排34名，在白酒中排第8名。在白酒行业中，习酒排名前十位。

随着系列酒和子公司品牌在市场中崭露头角，茅台酒的品牌美誉力愈加牢固。各品牌互相影响、互相促进，构筑起牢不可破的美誉力城墙。

品牌瘦身战略

2006年，随着试运行的《品牌管理办法》发布，一次品牌清理、瘦身的品牌管理变革在茅台拉开了帷幕。自此开始，茅台的品牌管理发展历经了三个阶段，先后对LOGO使用、品牌侵权、虚假广告等进行专项清理整治，并对子公司品牌及产品进行全面瘦身。

在白酒行业发展中，多品牌战略曾因帮助一众酒企提高市场占有率而备受追捧，但其在发展的过程中延伸出另外一种品牌模式——OEM贴牌生产模式，这个模式的大行其道，给整个白酒行业带来巨大打击。

客观来讲，贴牌生产作为酒业发展的一个重要模式，曾催生出不少知名品牌。其作为推进市场全国化的利器，也曾受到大小酒企的青睐。不过，由于多数贴牌产品价格比较低廉，加上生产质量不可控，长期存在隐患。当企业发展到一定规模时，如果再放任贴牌产品野蛮生长，就会影响主品牌的发展。

2016年之前，白酒行业一度盛行贴牌之风。酒企采用贴牌模式的初衷，是使经销公司快速铺开市场，打造地域特色，但

此模式十分考验酒企的品牌管理能力。彼时，国内在品牌管理方面缺陷较多，比如品牌监管不到位。大量贴牌产品不仅给业内带来质量危机，还引发业内品牌大洗牌，使不少酒企陷入进退两难的局面。因此，贴牌模式在很大程度上被认为是对主品牌价值的透支、稀释和销量上的分流。

从"味道变了"到"不会再喝了"，对品牌建设来说，这莫过于一场灾难。随着货不对价的现象越来越多，消费者逐渐对白酒行业失去信任。2019年4月22日，《新京报》曾报道，批发价30元一瓶的开发酒，对外零售价能达到600元左右[一]，而暴利背后是无处寻踪的生产厂家和产品质量堪忧的"三无"产品。

作为行业领先者，茅台集团在2019年新年伊始就大力整顿贴牌酒问题，将出现问题、不适于市场发展的子公司和子品牌一并清除，展开了一场品牌瘦身运动。此次运动开展的导火线是贵州茅台酒厂（集团）白金酒有限责任公司生产的茅台白金酒质量屡遭质疑。自2017年开始，不论是背后经销公司的债务纠纷，还是产品的质量问题，都使白金酒成为众矢之的。负面信息频出，引起茅台集团重视。

2019年伊始，茅台展开一项重大举措：于2月18日下发《茅台集团关于全面停止定制、贴牌和未经审批产品业务的通知》，主要采取三大措施。

一是茅台方面全面停止包括茅台酒在内的各子公司定制、

[一] 摘自《新京报》的《汾酒开发品牌酒乱象：有合作商私灌散酒高价卖》。

贴牌和未经审批产品所涉业务，相关产品和包材在未经集团允许的情况下，就地封存，不再生产和销售。

二是由于白金酒公司在生产经营中屡次违反茅台集团品牌管理规定，又出现重大违规行为，对茅台的品牌声誉造成了严重影响，集团不再授权白金酒使用集团知识产权，生产业务由保健酒业公司接管。

三是责令法律知保处认真履职，切实加强品牌管理，做好监督检查，对执行不力的单位和个人，及时向集团公司提出处理意见。

茅台自剪枝叶的举动对行业来说是一次敲钟行为。在经营快速发展的背景下，坚决全面停止定制、贴牌等业务，体现了茅台坚决打击不规范运作、打击有损茅台长远利益的不良行为的决心。

其实，茅台的品牌瘦身战略早已开始。2017年，茅台对集团旗下子公司品牌进行整顿、削减，规定每个子公司保留的品牌数量不超过10个，每个品牌的条码数不超过10个。这一品牌瘦身举措被称为"双十"规划。此外，从2017年发布新《品牌管理办法》以来，茅台就着力开展品牌清理工作，将子品牌按考核情况分为合格、适中和不合格三个级别。在茅台体系内被清理的弱势品牌包括以下三种，一是不能助力主品牌的发展、起到反作用力的子品牌；二是稀释主品牌价值且收益不高及有悖于茅台定位的子品牌；三是前景较差、实力较弱的品牌。

在接下来的两年中，茅台对考核不理想的品牌，分别采取察看或终止的处理办法。2018年，茅台又进一步提出"双五"品牌规划，即保留5个品牌、50个条码，又砍掉半数产品。而全面停止定制、贴牌和未经审计产品业务的举措让茅台的品牌瘦身节奏更为明确。

对茅台来说，品牌瘦身已经成为一种常态。面对饱和的白酒市场，一味地开拓品牌、吸引消费者关注会适得其反，使多品牌的杂乱无序成为对酒企美誉力的威胁，本末倒置。而美誉力的作用在于，一方面督促品牌成长，不断创新；另一方面在督促品牌成长的同时，维护核心产品的市场效力。

品牌瘦身就像一把剪刀，修剪枯枝败叶，夯实茅台美誉力。品牌瘦身就是茅台集团针对市场低迷和品牌模糊等诸多问题给出的良方，既维护了茅台酒的美誉力，也给其他子品牌带来更多活力。

安徽阜阳的经销商杨亮就深刻感受到日益增加的子品牌活力。早在2004年，他就开始接触茅台系列酒的经销工作，并在有"产酒大市"之称的阜阳开拓出酱香酒市场。2017年之后，茅台王子酒成为他代理的主流产品，这款产品不仅在消费市场上呈现出蓬勃发展的态势，而且在开拓年轻市场方面具有无限潜能。

启动品牌瘦身战略充满了创新精神。对于一个具有悠久历史又多次获得荣誉的企业来说，这是维护和提升美誉力的重要手段。此前，子品牌建设不佳，导致消费者认知模糊及茅台主品牌的形象模糊，使茅台的美誉力效能受到了极大的负面影响。茅台在2017年开始实施的品牌瘦身计划既是明智之举，也是顺应发展趋势的必然选择。通过市场变化和消费者反馈来调整品牌战略，令茅台实现品牌战略变革，以多维度美誉力推动品牌发展。

强化商标管理

早在茅台酒厂成立初期，茅台就开始对商标进行相应的管理，并在后期不断加强管理力度。建厂初期，茅台以产品为中心，创造了多个商标图案，但并没有形成明确的体系。其中，金轮茅台、葵花茅台、五星茅台及飞天茅台，是从历史文化、特定寓意等诸多层面延伸出的产品商标。它们代表了茅台不同的产品方向，以及不同的市场和消费人群。其中，飞天茅台商标主要用于出口市场，而其他商标则主要在国内市场流通。

2017年，茅台实行"双十"品牌规划，商标管理是其中重要环节之一。茅台提出，在2021年底之前全面完成子公司产品停用集团主品牌LOGO工作，以保障主品牌价值。而此举的意义在于三点：一是保护消费者权益，二是保护创新和知识产权，三是推动商业社会健康发展。

发展到2021年，茅台的商标体系已经形成了严苛的使用规则，成为一个完备的系统。其成熟的商标体系主要可分为共同使用标识和独家使用标识两类。其中，共同使用标识是椭圆形态的G、J、M、T四个英文字母组成的酒樽商标。独家使用标志则是以MOUTAI、赤水河组成的圆形商标和其他品牌商标。在独家使用标识中，又包含具体的产品商标。

为了保护独家使用标识，茅台做出了巨大的努力。仅经费而言，茅台每年用于商标、专利保护和打击假冒侵权的专项资金超过千万元。在《品牌管理办法》颁布之后，茅台还推出了多个相关的管理办法。其中，在商标管理上，茅台主要围绕三方面开展工作：第一，全方位注册多领域商标；第二，调整商标的使用范围；第三，调整商标使用的收费标准。

就全方位注册多领域商标而言，围绕与"茅台"相关的词语申请多种商标。例如，在2021年，茅台在原有注册商标的基础上，又申请注册了多个包含"茅粉"词语的商标。通过这样的方法，茅台可以更全面地保护品牌。在打击恶意侵权等方面，茅台也做了很多工作，例如，研究对商标使用的特定名称侵占及抢注问题的解决措施。

就调整商标使用范围而言，从2017年到2021年，茅台在缩减子品牌的同时，也在扩大许可商标的使用范围。2021年9月8日，贵州茅台发布了一条关于与关联方签订《商标许可协议》的公告。这条公告显示，许可商标范围在原许可商标基础上扩大至82件，包含"茅台""贵州茅台""MOUTAI""飞天""茅台王子""茅台迎宾酒"等茅台系列品牌商标和酱香系列品牌商标。商标的使用场景也不局限于外包装，更包含海报、宣传广告等。

就调整商标使用的收费标准而言，茅台将商标许可使用费的收费比例上调为1.5%，许可期限为2021年1月1日至2023年12月31日。[一]并且，收费的主要基数与适用公司的销售额有关。

将商标管理提升到企业的战略高度，既能维护茅台的发展权益，维护品牌形象，也有利于推进市场良性发展，维护广大市场消费者的切身利益。

重视危机公关

危机事件对美誉力具有强大的冲击力。如果危机公关做不好，将对品牌美誉力造成难以修复的创伤。尤其在互联网高速发展的当下，信息的传播速度之快、影响范围之广导致某个企业或某个人的不当言行可能随时引发蝴蝶效应，令行业陷入危机。在白酒行业曾经经历的一些危机事件中，有的酒企没能抵住冲击，品牌价值遭受重创，甚至因此倒闭。

但也有企业顺利渡过难关，以正确的危机公关建立起企业的品牌堡垒。这说明，在危急时刻处理好企业与社会、公众、媒体的关系，有计划、有组织地进行危机公关工作，能够为企业塑造良好的美誉形象，提高企业的品牌价值。

[一] 摘自茅台时空《贵州茅台：与茅台集团续签商标许可协议，范围扩大至82件》。

梳理白酒行业的重大危机公关事件可以发现，茅台采取的应对措施都被认为是可供业内企业学习的案例。这是因为茅台长期以来非常重视危机公关，并且较早建立了完备的品牌声誉管理体系。

首先，茅台较早建立了新闻发言人制度。这一制度使责任落实到人，从而能够做到系统部署、快速响应，并能以更专业、正向的方式掌握发言权，以积极解决问题的态度取得公众信任。

一直以来，茅台非常重视宣传舆情工作，不断完善新闻发言人制度。茅台历任党委书记对这一制度的具体实施都有重要指示。截至2021年年底，茅台新闻发言人制度已在集团内部及各个子公司全面实施，力争做到遇事正面、准确、积极发声。

从已经召开的新闻发布会看，茅台新闻发言人制度的实施有助于提高公司对舆情的处理能力。它能第一时间满足公众知情权，有助于引导舆论、避免矛盾的扩大，能够促进公司形象的建设，不断提高茅台美誉度。

其次，茅台始终坚持以对公众负责、对行业负责的态度来处理危机事件，将自身利益放在公众、行业之后。企业生存依赖于行业大环境，危机事件发生时，没有谁可以独善其身。茅台深知自己是行业的一部分，因此总会站在全行业的角度思考问题、解决问题。

在假酒案发生后，公众对白酒行业的信任度大大降低，酒业因此受到重创。为重建消费者的信心，白酒企业掀起自我整顿的风潮。以茅台为首的中国名酒以最快速度在媒体上发声。时任茅台酒厂党委书记的邹开良呼吁：要切实加强市场管理，打击假冒伪劣产品，为名优企业发展创造良好环境。㊀之后，宜宾五粮液、成都全兴酒厂也纷纷发声，支持打假。辽宁、陕西等白酒企业开始承诺严格把控质量大关。在全行业的肃清整顿之下，中国酒企顺利度过第一次"黑天鹅"事件。

再次，茅台坚持以真诚的态度、真实的自我及过硬的品质来应对危机。对于企业来讲，诚实守信、不虚伪、不做作、不逃避责任是可贵的品质。茅台以中华民族的美德来进行自我要求，以开放的态度接受外界的检验、批评，在遇到危机事件时，从解决问题的角度出发，获得了行业和舆论的认可。

例如，某品牌酒塑化剂超标事件发生时，有舆论称茅台酒也存在塑化剂超标问题。茅台快速响应，第二天就召开新闻发布会，邀请国内多家权威媒体参加。

在新闻发布会上，首先，茅台严正声明，自2011年起就对生产过程所涉及的塑料制品进行了全面筛查和风险评估，将塑化剂指标纳入质量监控系统，并保证产品符合国家规定。其次，茅台坦诚表示，茅台酒中确实存在塑化剂成分，可能是储存过程中与塑料制品接触所导致。再次，茅台公布已能实现无

㊀ 摘自《华夏酒报》的《酒报号时光机即将发车！回顾1998年中国酒业的激流往事》。

塑化生产，承诺今后会将管控范围扩大，对生产、储存、包装等流程实施更加严格的监管措施。最后，茅台向公众普及塑化剂知识，从科学角度进行解释，以缓和公众"谈塑化剂色变"的激动情绪。

面对公众的质疑，茅台坚守立场，用事实说话，敢于站出来澄清误解，普及行业的专业标准。在国家食品质量监督检验中心随后发布的权威报告中，人们能清楚地看到，送检的茅台酒塑化剂含量符合国家相关标准。茅台以科学数据作为铁证，以快速的正向反应完成本次危机公关，维护了品牌美誉形象。

最后，非常重要的是，茅台充分尊重媒体，与其形成了良性互动的关系。例如，茅台举行的一些重要会议（如每年的全国经销商大会、股东大会、生产质量大会等重要会议），都会邀请媒体参加，增加彼此之间的交流，而这些媒体也会帮助茅台做出科学决策、实现稳健发展。

媒体与企业之间的关系看似微妙，但实际有着清晰的界线。一方面，企业应当接受媒体的监督。另一方面，许多媒体长期跟踪行业、企业的发展，堪称领域内的专家人才，听取他们的意见，有助于企业发展。

在舆论危机发生时，媒体担负着真实、客观报道的责任，但这并不意味着企业与媒体是对立关系，双方应当积极建立合理的沟通方式，共同为公众负责。

茅台作为行业头部企业，在危机事件中，不仅做到维护自身品牌价值，还为行业回暖起到一定引领作用，从而稳步实现品牌价值的增长。成功的危机公关可以维护品牌形象，挽回局面，不仅不会损害品牌，反而会加固正直、友善、乐观、有担当的品牌正面形象。正因以消费者为中心，重视公众意见，爱惜品牌美誉，茅台才平稳度过了每一次危机。

07
酒的世界是平的

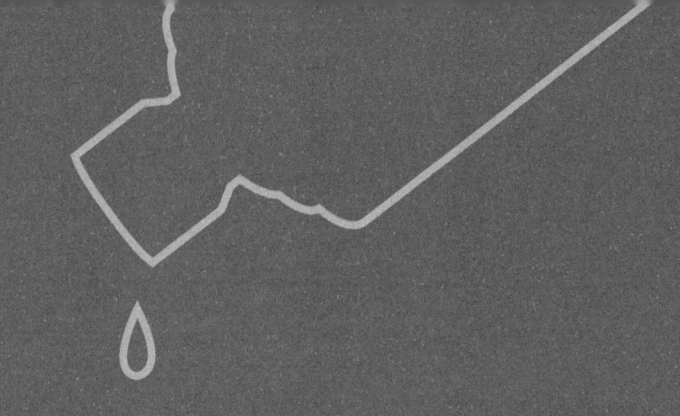

美国经济学家托马斯·弗里德曼曾根据当代世界发生的重大变化，提出"世界是平的"。这一概念道破互联网对全球格局的巨大影响。

互联网让地球变为地球村，酒也是如此。不同国家的酒走向世界，亦是世界扁平化的表现。中国酒文化的海外传播，以及茅台的海外市场开拓都是其产品和企业美誉力的体现。而以不同文化话语体系感染新的消费群体，并受到国际认可，是企业美誉力效能的重要成果。国际化是品牌发展的必经之路。同时，在中华民族伟大复兴的路上，构建海外美誉力是茅台肩负的重要使命。

中国品牌国际化的共同挑战

不了解中国酒文化的西方人首次品尝茅台酒，会是什么感觉？

有人做过这样的尝试，他们带着茅台酒，进行了一次街头采访。但是，外国人对这样味道浓烈的白酒并不买单。这就是茅台走向国际的第一个挑战——质疑。

茅台全球闻名，但进入国外市场时面临着诸多挑战。这样的挑战不仅是茅台在国际化时所面对的，更是中国品牌在国际化进程中共同面对的，主要集中在中西方消费群体差异、中西方文化冲突等方面。

第一，中国品牌国际化是一个长期过程，考验着企业的耐心和决心。在品牌发展中，国际化意味着一个成熟品牌进入更高维阶段，也意味着品牌、产品和企业还需要经过更长时间的考验。在漫长的过程中出现的大量不确定性因素，都会影响企业的品牌国际化之路。

进入国际化阶段时，品牌还需要对外国消费需求、购买能力、消费习惯做更深入的了解和布局。这是逐步获取外国消费者信任的过程，在这个阶段，品牌创新和产品升级也会随之完成。在这个过程中，中国品牌还需要适应快节奏的国际市场，与其他品牌展开良性竞争。

第二，外国消费者对中国品牌形象和定位缺乏信心，甚至存在质疑。获取西方消费者的信任是非常重要的基础性工作，也是赢得海外消费者的前提，有利于改变海外消费者的固有认知。

第三，中西文化体系的差异，是中国品牌国际化的巨大挑战。

文化具有很强的隐蔽性，中国企业没有走上国际化道路的时候，很难直观认识和理解国内外文化的强烈差异。例如，在西方文化语境里，酒文化是酒神狄俄尼索斯所代表的狂欢精神，而在中国白酒文化中则含有更多的浪漫情怀。

这些文化语境的差异渗透在和酒相关的各个层面。比如，从饮酒方式上就能看到中西方饮酒场景和品酒习惯大相径庭。茅台品酒讲求独特的"品酒三式"：一抿、二咂、三呵。通过细抿茅台酒、轻咂嘴巴、呵出酒气这样的动作，能够品鉴出茅台酒独特的香气。这样的品酒方式并非刻意为之，而是已经融入中国人的生活习惯中，而这样的品鉴方式在西方的烈酒中并不适用。

当中国企业进行海外品牌扩张时，往往会发现该国的一些品牌已经成为其民众日常生活中不可或缺的一部分。比如，美国的可口可乐，德国的宝马、大众汽车等。本国民众对这些在本土深耕几十年甚至上百年的品牌有着很深的感情。与它们之间的竞争，不仅在于产品，更在于文化。中国品牌在传递中国文化的同时，还需要研究其他国家的本土文化。产品和品牌的本土化有助于品牌在海外生长。

具体到白酒行业，其还面临着更具体的挑战。首先，文化冲突是白酒国际化及白酒进入西方人生活的一大难题。白酒代表着中国饮食文化、交往方式及主流价值观。不同的文化背景导致西方消费者对中国白酒的饮用方式、饮用场景乃至白酒风味的接受程度较低。因此，那些出口的中国白酒更多面向的是海外华人群体，属于烈酒中的小众消费。

其次，国内对白酒主要成分的检测标准及包装标准与国际标准有一定出入，因此对白酒的出口产生了影响。这是阻碍白酒开拓国际市场的主要因素之一。

但由于中国白酒工艺复杂，白酒中的很多香气成分无法用化学和物理方法区分出来，并且标记在配料表中。中国白酒营销专家肖竹青曾介绍说："我国有相应的白酒标准，但白酒酿制工艺中所带来的一些难以精确衡量的微量成分成为白酒出口的一大障碍。国外要求对进口酒类产品含有物质进行理化分析，但国内很少有酒企从事这种基础性的研究，这就很可能造成因为缺乏翔实的数据或者与当地法律法规不相符而被拒

之门外。"○

再次，在中国白酒国际化的道路中，国际化人才的缺乏也是重要的阻碍因素。由于西方市场环境和国内白酒销售环境有差异，白酒产品在投放西方市场前需要进行专业的市场调研及用户分析。此外，国外的销售渠道也和国内存在较大差别。国内渠道主要以团购形式为主，开瓶费、进场费、出场费等费用都包含在内；而西方市场则明令禁止这些销售方式的出现。这就要求在海外的销售人员不仅需要有专业的白酒知识、营销知识，还需要对国际贸易有所了解，而且需要知晓国际市场的营销规则，能在西方的语境下，传递中国白酒的品质与故事。

最后，开拓海外市场时，需要企业投入较多的资金。从之前国际化的数据可知，中国白酒出口海外的数量和销售额都在稳步增加，但是海外销售需要更长的资金链，短期回报并不可观。人力财力的大量投入，以及海外销售市场的变动，也造成中长期市场的回报难以预料。因此，白酒国际化对于很多酒企来说，还存在诸多难题。

国际葡萄酒及烈酒展览会的CEO鲁道夫·拉梅兹在欧洲及亚洲从事酒展行业多年，他曾说："我身边有的欧洲朋友一度担心喝了白酒会对身体产生巨大伤害，因为他们只知道白酒度数很高，几乎和纯酒精一样，并不适宜人来饮用。"○ 他的这句话正

○ 摘自刘川的《中国白酒国际化之路》。
○ 摘自何天骄的《白酒企业出海忙，国际化是二次辉煌必经路》。

说出了中国白酒国际化之困境。

茅台的国际化，不只是产品、品牌走向世界，更为重要的是文化走向世界。茅台不只是茅台，它代表着中国白酒行业和民族企业，肩负着巨大使命：不仅要讲好茅台故事，还承担着宣传中国优秀文化的重任。这需要用国际化的语言，站在国际化的话语体系中，讲述自己的故事。

讲好茅台故事，做好文化传播，意义超越了市场扩张。很多外国友人直言，"茅台的到来，让欧洲重新认识了中国白酒。"

白酒出海正当时

即使挑战重重，中国品牌也从未放弃国际化战略。尤其是在全球化时代，越来越多的企业认识到，品牌国际化已是必经之路。第一，从规模化发展来讲，海外市场十分诱人，企业做大做强需要从国内拓展到国外。第二，从风险控制角度来看，国内外市场可以形成互补，平衡风险。经过长期探索，许多企业在市场选择、营销策略、企业管理、政策研究等方面获得了丰富的经验。中国的汽车、手机、服饰等行业品牌纷纷出海，在国际市场占得一席之地。

白酒行业的"集体出海"也正如火如荼。纵观中国白酒品牌的出海方式，可谓百花齐放。处于行业领先地位的白酒企业，如茅台、五粮液、泸州老窖、沱牌大曲、山西汾酒等先后确定海外战略、布局经销商；而剑南春、水井坊、江小白等酒企则紧随其后，主要依托"城市名片"和创新的饮酒方式亮相国际活动、融入当地市场。

这场火热进行的白酒集体出海风潮，始于2015年洛杉矶百年庆典。2015年1月22日，包含茅台在内的第一批中国酒企赴美国参加巴拿马万国博览会的百年庆典，这意味着中国白酒行业的国际化市场开拓迈出实质性的步伐。不同于1915年巴拿马万国博览会上中国白酒竞相参赛，也不同于中华人民共和国成立初期中国白酒依靠出口海外换取外汇，本轮白酒企业集体出海，不是被动选择，而是主动出击。这与前两次有着巨大不同，且其传播效果及海外市场的反馈都迎来了质的飞跃。中国白酒因此进入品牌成长和二次辉煌的发展阶段。

其原因有四点：第一，在全球化浪潮下，国际化是各行各业发展的必经之路。第二，从企业的角度看，中国白酒的国际化是中国深化改革的重大成果，顺应企业发展趋势，也是企业释放新活力的体现。第三，从产品的角度看，国际化是产品创新升级的结果，是中国白酒在海外生产、销售、服务不断提升的体现。第四，从文化传播的角度看，本次白酒企业国际化是文化输出的重要体现。

基于此，越来越多的中国白酒企业在国际活动中亮相，也通过更加丰富的方式进行品牌宣传。例如，在《变形金刚4》《超凡蜘蛛侠2》等国际性电影中都出现了中国白酒的身影。

茅台作为白酒行业的头部企业，在2011年国营建厂60周年庆典上就确立了"做世界蒸馏酒第一品牌"的发展战略，海外经销商大会也随之召开，相继布局一些欧洲国家的销售战略。

从2012年在英国举办的"中国之夜"的品牌推介会，到2018年茅台在圣诞前夕举办"茅台铃铛"UGC活动，再到2021年茅台海外经销商赞助澳大利亚TCR汽车拉力赛，茅台的身影出现在越来越多的国际比赛和活动中。

2019年11月10日，茅台在海外经销商大会中宣布，截至2019年10月31日，贵州茅台完成出口茅台酒及系列酒1 576.94吨，销售金额3.66亿美元；茅台酒进入44个"一带一路"沿线国家，销售比占全球的10%。经统计，仅2019年茅台海外经销商就开展了310场活动。㊀

在中国白酒出海队伍中，其他酒企也有突出表现。例如，五粮液在美国纽约时代广场中国屏上播放企业形象宣传片。纽约时代广场被誉为"世界十字路口"，其传播能力和影响力可见一斑。洋河股份则出现在英国、法国等地的国际活动中。2011年11月，一场世界性音乐会在英国皇家阿尔伯特音乐厅举办。这场音乐会由国际奥委会主办，洋河股份冠名赞助，名为"中国梦·梦之蓝相约伦敦2012"音乐会。

中国白酒企业不断出现在国际舞台，为中国白酒的国际化进程不断助力。到2021年6月，中国白酒相继出海的成就已经有所体现。当月，权威品牌价值评估机构Brand Finance发布了"2021年度全球最具价值烈酒品牌50强"榜单，中国白酒有9个

㊀ 摘自贵州日报当代融媒体《2019年茅台海外经销商大会：以品质为基，携文化出海｜让海外经销商成为收入稳定的"茅台先生"》。

品牌上榜，并且包揽了前5名，占榜单品牌总价值的68%。数据能够充分说明中国白酒在世界蒸馏酒市场上的重要地位，以及国际化对行业发展的推动性作用。

  这场白酒出海的热潮让人意识到，中国白酒企业的国际化是一种新的机遇，能够促进企业和行业的共同发展，实现多维度的文化输出。在中国白酒登上国际舞台的今天，人们也应当相信，无论中国白酒的国际化道路如何走，白酒文化定能浸润世界。

他山之石：求同存异之路

在国际化的道路中，求同与存异，正如太极八卦的阴阳两极，各有其重要性。更多时候，求同存异成为企业的选择。求同，可以理解为求得发展的同一性。存异，就是保持品牌不可复制的魅力。品牌国际化就是对求同存异的探索。其他酒品牌的国际化经验，对茅台国际化有借鉴之处。

三得利：从"东方学徒"到世界顶尖

日本威士忌品牌三得利是品牌国际化的代表。在威士忌的大品类中，三得利依靠工艺特点，补齐产区的短板，为酒类品牌的国际化提供了新的思路。

三得利是日本企业，创立于1899年，旗下有多种产品，其中以威士忌最负盛名，这也是该公司长足发展的重要依托。

1929年，三得利开始销售威士忌，开拓了日本洋酒文化之先河。当时，威士忌在神户、大阪销量走俏，市场前景可期。三得利的创始人鸟井信治郎认为，如果能够研制出日本威士忌，一定能够获得市场机会。他确实做到了。通过对苏格兰威士忌进行工艺改革，三得利生产出一种口感更清淡的威士忌。

从工艺上看，相较于苏格兰威士忌，三得利威士忌有三大差异。

第一是酿造中对麦芽汁的处理工艺不同。传统的苏格兰威士忌酿造会将麦芽渣和汁液一同发酵。但是三得利工艺选用干净的麦芽汁进行发酵，这样就没有苏格兰固液混合麦芽汁所酿造的威士忌那种浓厚的麦芽香气。

第二是蒸馏方式不同。20世纪50年代，从西方的威士忌看，大规模和批量化生产的酒厂以蒸汽蒸馏代替了直火蒸馏的方式。但三得利的生产工艺中保留了直火蒸馏的取酒方式，从而保证威士忌中的杂质更少，香味更纯。

第三是窖藏木桶不同。苏格兰威士忌选用白橡木桶进行窖藏。由于白橡木的密度小，在窖藏过程中酒体的老熟过程会更强烈。而且白橡木自身所带的气味较弱，不会对酒体产生更多影响。但是三得利威士忌将白橡木换成了日本独有的水楢橡木。水楢橡木内酯的比例较高，它需要成长200年才能够成为木材被使用。因此它的密度相对较大，香味足。经过水楢橡木窖藏的三得利威士忌，带有独特的椰子、菠萝等热带水果的风味，和传统威士忌有很大不同。

20世纪90年代,三得利完成了日本国内市场的开拓,计划将产品推向全球。

第一个十年,三得利在公司内部提出了一个"从头审视威士忌制造技术"的计划,意在改变过去那种重度依赖技术人员的经验和直觉的生产方式,用更加科学的方式提升产品品质。在和欧美成熟的威士忌同台竞争时,三得利没有大力宣传,一直低调努力,在提升工艺的同时坚守品质底线。最终,这样的坚守让它的口味获得认可,并且弥补了原本的产区短板。

跨入第二个十年,三得利迎来"开门红"。2001年,三得利的"响"威士忌斩获了英国 *Whisky Magazine* 评选的"BEST OF THE BEST 2001"排行榜第二名。尽管当初的比赛缺乏品牌多样性,但这一结果依然很大程度上改变了西方人对日本威士忌的刻板印象。凭借独特的口感风味及独特的东方文化,三得利威士忌在国际烈酒大赛中频频获奖,在海外市场上也越来越活跃。

但这是否代表三得利的国际化大获成功?是否标志着日本威士忌席卷全球?实则不然。真正的竞争刚刚开始。以三得利为代表的新威士忌与传统苏格兰威士忌开启了一场激烈的市场争夺战。

国外消费者对新产品的接受度低,这是三得利需要面对的最大问题。当时的市场环境对三得利并不友好。第一位"007"的扮演者肖恩·康纳利是地道的苏格兰人,深受观众喜爱,但即使是这样一位明星，在出演了三得利广告后，也遭遇了诸多批评。市场竞争阻碍重重，三得利虽然斩获多个国际大赛的奖项，却只能聊以慰藉。

三得利没有放弃。它抓住其工艺和口味上的特点，通过饮酒方式的革新再次出击国际市场。正是这一次的尝试，让它成功打开国际市场。

相较于传统威士忌，三得利威士忌最大的不同就在于香气。其淡雅又富含花果香气的特点，让它比传统威士忌更适合用来调制鸡尾酒。2008年，为推销角瓶威士忌，三得利开始大力宣传一种叫"Highball"的喝法。这是一种常用的鸡尾酒调制方法，以少量的烈酒作为基底，再加入大量冰块及苏打水。

从国际市场环境来看，欧美地区的烈酒销量呈现下降趋势，消费者逐渐转向低度酒市场。三得利宣传的新喝法可谓恰逢其时，它冲淡了酒的浓度，刚好满足消费者的口味需求。2010年，欧美地区迎来手工鸡尾酒的热潮，威士忌再次受到消费者追捧。借此时机，三得利加大宣传推广力度，国际市场的地位得到快速提升和巩固。

从苏格兰威士忌的"东方学徒"到成为世界威士忌的主流品牌之一，日本威士忌产业只用了不到百年的时间。它的成功证明了，如果能够吸收世界威士忌产业的优秀经验，在生产工艺上向成熟品牌靠拢，再结合东方特有的文化底蕴形成自己的差异化竞争力，新生品牌同样能成为全世界消费者喜爱的威士

忌品牌，获得市场的认可和信任。

张裕：民族品牌的全球化之路

在高手云集的世界葡萄酒之林中，张裕的品牌崛起并不容易。但越过千帆，张裕最终在葡萄酒市场上占据了一席之地。这在很大程度上要归功于其品牌全球化战略。从中国民族品牌的国际化来看，在中国葡萄酒企中，张裕是最好的样本之一。

2019年，瞭望周刊社、瞭望智库发布《中国企业品牌全球化报告》，其中对张裕和拉菲2018年到2019年在全球市场中的热度进行了分析。其分析数据主要来自全球互联网的搜索频次，其中张裕和拉菲的得分分别为0.064和0.068。中国红酒品牌与国际知名品牌比肩，引发了业内外的广泛关注。

作为中国民族品牌，张裕在全球化历程中做到了三个方面的突破：精准定位、原料品质保障、营销方式和业态的创新。

第一，品牌定位清晰，且抓住机会发声。张裕创立之初，作为投资人的张弼士便从国外引进了124种酿酒葡萄，聘请多名国外酿酒师，按照外国工艺进行酿造。在逐步发力过程中，张裕葡萄酒在东南亚和北美洲的华侨集中地区打开销路，甚至俄罗斯商人也多有订货。

1915年在巴拿马万国博览会上，张裕的红玫瑰葡萄酒、雷司令白葡萄酒、可雅白兰地和琼瑶浆荣获4枚金质奖章。这说明中国葡萄酒在20世纪初就已在国际上崭露头角。

2019年是中国正式提出"走出去"战略的第19年，中国品牌在国际上的影响力不断提升。正是从这一年开始，"一带一路"的国际合作范围越来越大，张裕也在此时以"中国品味"的定位发声，扩大国际影响力。截至2019年2月，张裕解百纳已进入欧洲5 000家卖场销售，全球累计销量突破5.32亿瓶。

中国品牌"走出去"不仅仅是将产品或服务推向海外，更需要把企业文化、企业理念和中国文化有效地传播出去。张裕解百纳在国际推广过程中就着重突出中国特色，向海外消费者展示中国土生土长的葡萄酒品牌如何成长，引导消费者了解葡萄酒的浓厚文化，向国际舞台展示中国葡萄酒的高品质、高水准。其特有的中国味道征服了海外消费者，成为名副其实的中国品位代表产品，为中国葡萄酒赢得世界席位做出了重要探索。由此可见，无论质量、工艺、情怀还是全球布局，从未改变主航道的张裕已经占据赛道的领先位置。

第二，张裕在原料品控、机械化种植、生产区域这三个方面做出了突破，以高品质作为民族品牌国际化的保证。

从20世纪90年代开始，张裕就意识到要酿出优质的葡萄酒，需要高品质的酿酒葡萄。于是，张裕率先在业内实施了"以质定价、优质优价"的酿酒葡萄收购制度，促进了中国酿酒葡萄种植注重质量的提档升级。

2006年，张裕又实施了与国际接轨的葡萄酒综合质量分

级体系，针对葡萄园、葡萄原料、酿造工艺、橡木桶陈酿、调配和瓶贮这六个对葡萄酒质量产生影响的关键环节确定具体指标，层层优选，最终将产品由高到低划分为大师级、珍藏级、特选级和优选级四个级别。

在机械化种植方面，从2013年开始，张裕投入巨资从法国引进了先进的葡萄种植机械，全力推进中国葡萄种植的机械化，推动中国葡萄酒产业转型升级，步入健康发展的快车道。

正是解决了原料高品质葡萄大规模生产的问题，张裕得以将种植区域扩大，从而突破葡萄酒产区的界限。就在同年，张裕的全球葡萄园面积也显现出了绝对优势。统计显示，2019年，张裕在亚洲、欧洲、美洲、大洋洲拥有葡萄园25万亩。而世界顶级葡萄酒企拉菲在欧洲、美洲、亚洲的葡萄园面积约为1.8万亩，仅是张裕的十四分之一。㊀

第三，张裕重视营销方式的升级，并且为葡萄酒庄园找到了合适的业态。

2002年，张裕确立了"营销兴企，终端制胜"的发展战略，在同行业中率先构筑起一个全国性、多品牌共享的市场营销网络体系——三级营销网络体系：销售公司（决策中心）——省营销管理公司（指挥中心）——城市营销部（执行中心）。这一战略将张裕的产品布局到县，成为张裕十年高速发展、开拓市场的利器。有着深厚工艺积累、品质积淀的张裕开始在国际

㊀ 摘自新华网《从张裕全球热度比肩拉菲看中国百年品牌的定力与野心》。

化之路上一路狂奔，与国际品牌之间的差距也在不断缩小。

2013年，为了整合全球优势资源、开辟世界葡萄酒新格局，张裕将国际化列为核心发展战略。截至2019年，张裕已经在全球布局14座专业化酒庄。

借助全球市场资源的共享，张裕的年销售规模更是达到了拉菲的18倍之多。数据显示，2018年张裕共销售葡萄酒1.8亿瓶左右。而据拉菲官网统计，其年产量约为839 500箱，以12瓶/箱算，年销售数量最高也仅为约1 000万瓶。

正是三个方面的全面发展，使张裕作为中国民族品牌成功实现全球化，不断扩大国际影响力。它在时代中的发展步伐，对茅台来说，不失为一个很好的全球化样本。

中国白酒国际化的茅台样本

茅台走向国际的道路，是美誉力在国际市场中融化坚冰的过程。茅台从被质疑到被海外群体接受，最后实现全方位的成长，正是其美誉力传播、效能发展的体现。在茅台美誉力的推动下，中国白酒形象得以立体化展示，中西方饮酒文化渐渐融合。

消除壁垒：品鉴会创造文化认同

茅台国际化的第一个挑战是产品和口味触发的更深层次的群体不耐受。这种不耐受看似是中西味型、喜好之争，实则是中西文化的差异。

历史上西方国家曾不止一次盛行"中国风"，比如，17世纪的宫廷装饰等。但这些文化融合，大多是西方站在其自身文化体系内来看中国文明的。这就如同著名西式中餐"左宗棠鸡"一样。它本身是在极度欧化的社会背景下诞生的，并且最初以满足西方人口味为目的。与美式炸鸡相差无几的做法，搭配上不符合中国人口味的酱汁，让它成为西方人眼中的"中餐第一菜"。

如此可见，站在自身的文化体系去看外来文化是存在壁垒的。同样，因为中西方饮酒文化的差异，中国白酒的口味对于多数外国人来说或许是难以接受的。因此，喝中国白酒还需要站在中国文化的话语体系之中。

如何冲破西方文化体系传播茅台酒，是一个打破认知壁垒的重要任务。品鉴会成为最重要的举措。品鉴会依托文化，传递口味信息，是传播文化的重要途径和载体。茅台在海外的品鉴会，以传播中国文化的方式，实现了中西文化交融。一切深层次的交流都在一次次品酒中完成。

茅台通过品鉴会消除误解，使其美誉力在海外不断生长，主要方式有三种。

第一，用口味表达文化。

在走向海外时，茅台依旧坚定对产品品质的坚守。茅台酒具有中国酱香型白酒的独有口感，即使无法立即在国外市场普及，也不会为了迎合市场而改变口味。这并非故步自封，而是对自己国家文化和自身产品的自信。民族的就是世界的，越是独特的民族产品，越能打动海外消费者的心。

在茅台海外品鉴会上，茅台会为海外消费者介绍自身复杂

的香型,以及感官体验的特殊性,从而建立一套完整的茅台品酒话语体系,让海外消费者跳出其固有的红酒和其他酒类的评判规则。

外国友人品鉴茅台酒

此外,品鉴会现场还会将茅台元素贯彻始终,不仅从多角度呈现茅台的酒文化,还通过茅台的百年文化展,为国外友人讲述茅台故事。比如一瓶茅台酒从生产到出厂需要五年时间,全部采取古法工艺酿制等,这让国外友人对茅台酒建立了全新的认识,同时提高了茅台品牌对国外高端人群的影响力。

第二,营造更加合适的饮酒场景。

茅台举办了很多饮酒品鉴会,海外经销商会和一些当地有名的米其林餐馆合作，营造出适合饮用茅台酒的场景，同时实现餐酒结合的销售模式。这种市场破冰方式成为海外消费者接受茅台的重要渠道。

"像这样餐酒结合的方式我们很看好。虽然是尝试，但很希望坚持下去。"作为深谙海外市场的茅台员工，刘竹如是说。就他个人来说，他十分看好这样的方式。在他看来，中餐和中国文化现如今在海外有一定的市场，当地消费者对"地道"和"原汁原味"已经有一定程度的接受，甚至有了一定的消费期待。

这并非刘竹对海外市场持乐观态度，改革开放40多年来，中国餐饮业一直积极"走出去"，截至2018年5月底，海外中餐厅超过60万家，成为外国人了解中华文化的窗口。

第三，升级品鉴会层次，以国与国之间的对话连接，促进文化交流。

从1915年向世界递出一张中国名片开始，茅台一直在思考一个问题：如何延续世界荣誉？中华人民共和国成立之后，作为国宴用酒、外交用酒的茅台在见证外交事件的同时，也在国际市场中掀起了酱香酒风潮。

从2013年开始，国家的"一带一路"倡议成为茅台海外传播中的"红丝带"。在其牵引下，茅台海外品鉴会走上中国白酒品牌文化的海外传播之路，让茅台酒与世界的联系更为紧密。同时，品鉴会也上升至新的层次，站在更高的文化角度影响外国消费者。

2016年12月，中国茅台"一带一路"行第一站于德国汉堡爱丽舍酒店隆重举办，这让中国与德国两个历史悠久的酿酒国家有了文化的交融与智慧的碰撞。德国前副总理菲舍尔、茅台渠道经销商等300余名社会知名人士出席此次活动。之后，茅台又响应"一带一路"倡议走进南非、纳米比亚、莫桑比克、阿根廷、秘鲁、埃塞俄比亚等地。

几乎每天都有茅台故事在世界各地上演。如今，茅台酒已经进入众多"一带一路"沿线国家，向世界讲述精彩绝伦的茅台故事，让世界人民了解茅台文化，了解中国的白酒文化。同时，茅台把"一带一路"沿线国家作为海外市场布局的重点，推动茅台在海外市场上持续稳定地发展。

打破坚冰：融入海外市场

通过海外营销升级、服务升级等举措，茅台一步步融化市场坚冰，走进国外消费者的内心。其中主要包含四个做法。

第一，精准的品牌推介会是茅台海外传播的重要营销方式。尤其是国家和文化层面的品牌推介，让茅台在市场营销中占据高起点。

2012年在英国举办的"中国之夜"品牌推介会，是典型的海外品牌推介会。这是茅台在英国的首次民间重大品牌交流活动。

这场推介会发生在中英关系的黄金时代，由英国安德鲁王子约克公爵主办，而后成为推动中国民族品牌在英国发展的重要力量。英国安德鲁王子约克公爵还和茅台结下了不解之缘，他还曾亲自来到茅台镇，称赞这是一片神奇的土地。

第二，茅台借助海外各大新媒体平台强大的传播力，不断向世界各国人民讲述茅台独一无二的故事与品牌文化特性，为茅台品牌深入人心注入动力。2020年2月，茅台在Facebook、Twitter、YouTube、Instagram、Pinterest、LinkedIn六大社交平台上，陆续发布各种创意推文。在疫情防控期间，茅台的社交账号还推出居家鸡尾酒酒单。

茅台海外社交账号发布的信息中，无论创意推文，还是美食榜单，都融合了中国元素。从传统中国节日到日常推广时的中式美学，都为海外消费者带来了独特的视觉体验。

这一举动更加符合外国友人的浏览习惯与营销形式，更加顺应年轻一代的消费者需求，是适应本土化与年轻化的体现，吸引了众多关注。

在茅台建厂70周年之际，茅台海外新媒体营销将营销策略调整为More Tasting More Gaining（得偿所愿）。仅在2021年11月8日至14日的一周时间内，茅台于Facebook等海外新媒体平台共计发布35篇贴文，其中，Facebook主页曝光超过162万次，互动次数超过13.7万次，新增粉丝4.7万人；Twitter主页曝光超过130万次，互动次数超过1.1万次，新增粉丝超过3 000人。

除了与媒体合作推广，茅台还努力调动广大海外经销商的积极性。

中国贵州茅台酒在美国纽约华人街的广告牌

第三，海外经销商是连接茅台与世界各国的关键。在众多海外经销商中，比利时经销商 Aporol Trading 公司在品牌文化传播方面的做法较为突出。自2017年开始，Aporol Trading 公司就举办了各种极具中国特色的大型活动，如茅台春茗、根特春节等茅台中国年活动，让茅台酒与茅台文化真正走进欧洲，让欧洲民众感受到茅台这一中国民族品牌的文化底蕴。

2019年3月，Aporol Trading 公司将茅台酒带入比利时特姆塞的狂欢节中，茅台花车成为活动中备受瞩目的亮点，获得了当地各界人士的好评，并让当地友人爱上中国的文化与民族风情。

第四，提升服务质量。2020年，茅台就以文化先行的姿态，持续夯实海外市场基础，致力于为海外消费者提供拥有过硬品质和优质服务的产品。

走向世界的道路很长，但只要坚持走下去，就会看到实质性的成果。截至2019年10月31日，茅台共完成出口茅台酒及系列酒1 576.82吨，销售金额为3.69亿美元。这从侧面体现了茅台在国际品牌打造上的成果。

从品牌价值来看，从2016年起，连续6年，茅台登顶Brand Finance发布的国际烈酒排行榜，这个榜单的专业性和独立性受到国际广泛认可，是评判全球品牌价值的重要依据。2021年，英国权威品牌评估机构Brand Finance发布了《2021年全球品牌价值500强报告》，茅台以453.33亿美元的品牌价值排在第27位，相较2020年的31名上升了4个名次。同时，不管是2020年还是2021年，茅台的品牌评级都是AAA级，始终保持着最高等级。在整张榜单中，茅台是排名第一的食品、烈酒，在所有中国品牌中排第12位。

茅台登上榜单，与国际知名烈酒品牌杰克丹尼（Jack Daniels）、轩尼诗（Hennessy）、皇冠（Smirnoff）等并肩，极大地提升了中国企业的国际知名度。

持续创新：全球影响力的升级

茅台开拓海外市场，是实现全球影响力升级的过程。在这个过程中，提升形象成为主要目的。一方面，茅台需要将国人心中的茅台酒形象传递给西方消费者，树立高端品牌的形象。另一方面，茅台需要通过扩大海外市场、强势宣传品牌来增强全球影响力。

在具体做法上，茅台已有许多创新尝试，并取得阶段性成果。

第一，赞助具有国际影响力的活动，提升茅台的国际影响力。例如，2010年，茅台以白酒行业唯一高级赞助商的身份，赞助上海世博会。同时，茅台还在世界舞台上举办了各种大型品牌活动，比如先后在俄罗斯、意大利和美国等地举办百年金奖庆典活动。

第二，发展海外经销商，主动拓展海外市场。从2004年开始，茅台集团与卡慕酒业合作，由卡慕酒业在其全球免税店开设专区，独家代理茅台。

第三，整合行业优势资源。例如，2013年，茅台在法国波尔多收购海玛酒庄。

第四，自2015年开始，茅台的国际化战略愈加明晰，开始在国际市场频频发力。在新的时代背景下，茅台审时度势地提出"中国茅台，香飘世界"的品牌理念。

第五，依靠海外社交媒体传播中国文化，树立茅台形象。2020年3月，茅台在社交媒体上发起了"足不出户，与茅台同行"的活动,鼓励全球用户在疫情防控期间尝试新配方。例如,一个帖子建议将茅台混合制成"日落鸡尾酒",而另一个帖子则提供了可以与茅台酒搭配的面条菜的做法。这些活动表明,即使在疫情期间,茅台也在积极与国际消费者连接。

一直以来,茅台以文化作为底层传播动力,依靠独特的品牌形象吸引西方消费者,以昂扬的姿态,向世界展示中国白酒的魅力。路漫漫其修远兮,但茅台将始终坚持在国际化之路上稳步前行。

08

维护美誉,
持续卓越

美誉是一座城墙,砖瓦之力能抵御竞争压力,也能抵御未来挑战。在瞬息万变的世界中,变化随时随地都在发生——市场不断变化,消费需求日渐升级,品类成长愈发完善。万物生长之下,一成不变无异于作茧自缚。茅台美誉力也在逐渐增强,从而实现一个目标——持续卓越。

未来美誉力的挑战

未来，茅台美誉力仍面临多重挑战。从整体来说，多种因素构成了未来发展的不确定性。消费者结构的不断明晰、消费需求的持续变化等因素，将伴随主观选择的演进，成为茅台美誉力必须解决的问题。其他品牌竞争力增强、饮酒需求更加精准，以及用户的产品期望度越来越高……这些变化也给茅台带来了巨大的挑战。茅台该如何实现持续卓越的目标？

品质表达的生长

品质是茅台长期立足的根基，可"品质"这个词涵盖范围极广，什么才是品质的最好诠释？对于机械制造来说，德国制造是一种诠释；对手工生产美学来说，意大利制造是一种诠释；而对于酱香酒来说，茅台是一种诠释。

1988年到1992年，白酒行业经历了第一轮行业调整，中国白酒开始寻找品牌定位，增强媒体合作力度，大力进行营销宣传。这是中国白酒行业的品牌意识觉醒时刻。在这次的行业调整中，白酒行业打了一次激烈的"价格战"，在恢复元气之后，各个名酒企业终于打通了其中"关窍"，意识到产品定位的重要性，聚力勾勒品牌形象，开始进入企业品牌形象传播时代。

1998年到2003年，白酒行业进入第二轮行业调整期。这也促使中国白酒行业品质表达再次进阶。但是，市场和资金的双重夹击，仍让整个行业步伐滞缓。其中，五粮液首创买断经营模式，并大力开发OEM贴牌产品，以期占据高端品牌制高点，在中端上突破多元盈利模式，保持低端市场的高占有率。

2012年到2016年，中国白酒行业迎来品质表达的第三阶段。这次，"品质""健康"成为关键词。中国酒企意识到，产品的品质才是立足市场的关键。

在这三个阶段的发展中，茅台品质表达的主题并非一成不变，其诠释方式带着深刻的时代烙印。20世纪90年代，茅台借助电视广告，通过别具一格的故事叙述手法，在宣传方面实现跃升。随着时代的不断变化，两大因素要求茅台的品质表达必须再次精进更迭，第一因素是市场环境，第二因素是专业化的消费者。

第一，品牌和产品经历了爆发式增长期，未来还将出现更多新的参与者。这就意味着，市场竞争的激烈程度逐渐加深，同质化竞争问题始终存在。

第二，市场和商品的泛滥也培养出一群专业的消费者。他们不仅熟悉产品、了解品牌，并且在漫天宣传中具备自主判断能力，他们将成为意见领袖，在消费群体中带动美誉力传播。

这两大因素的存在，给中国白酒抛出了一系列大难题——品质要如何诠释？如何在竞争中以品质表达脱颖而出？如何站在品质表达的高位？下一阶段的品质表达应具备怎样的特征？这些值得每个品牌深思，更是作为白酒行业领跑者的茅台无法回避的问题。

基酒产能，还是老酒储备，还是下沙、蒸馏、勾兑这些繁复的工艺？品质表达的问题直接关系到茅台美誉力的未来走向，关系到如何在品牌清晰化的未来找到属于自己的话语体系，实现品质表达的再度飞跃。

好品质是茅台美誉力的来源，也是其不断强大，直至产生正向效能，服务消费者和引导行业发展的重要原因之一。可如今以品质为宣传口号的白酒越来越多，酱香型白酒领域尤其明显。茅台曾宣传的工艺流程、产区特性及工艺传承，更像酱香酒的普遍性标签。而茅台需要的，是让品牌形象更加清晰，深入品质话语体系，实现高品质表达的生长。

当下，包括茅台在内的很多中国酒企，都围绕品质表达展开行动。自"十四五"规划实施以来，茅台将品质文化传播提上日程。在坚持"五线发展道路"的大背景下传递质量是生命之魂的质量意识，这是茅台品质表达的关键。茅台将这个宏大的主题分解到产品生产的上下游，从技术研发、原料采购、生产制造、检验监督、包装物流、产品销售六大方面，优化茅台的品质表达。㊀

在产品特性层面，纯粮酿造成为茅台酒的独特品质表达。2021年5月，国家标准化管理委员会发布"2021年第7号国家标准公告"，GB/T 15109-2021《白酒工业术语》及GB/T 17204-2021《饮料酒术语和分类》两项国家标准正式发布。㊁这两项标准对白酒中的固态发酵酒及液态发酵酒做了明确的区分，淘汰了使用纯粮酒为基酒而后用香精勾兑的液态发酵白酒。这两项标准的发布为纯粮酿造酒提供了标准化的品质表达。这对茅台酱香酒来说是一种官方的品质认可和肯定。

从酿造技术层面看，茅台的品质表达已开始从"三高两长"的口号式工艺宣传，转化为看得见的工艺表达。微生物作画、白酒博物馆中的工艺展示等案例，都是茅台通过调动多维感官实现工艺层面的品质化表达。再比如，为了表达红缨子高粱的好品质，茅台集团以开展"祭酒大典""祭麦大典"的方式，向公众传递茅台每一位酒师对原料和粮食的敬畏之心，以精神价值表达品质特征。

在新时代，如何通过新形式、新创意将茅台酒品质文化传递给消费者是茅台需要实现的突破。茅台也在不断实现品质表

㊀ 摘自《贵州都市报》的《茅台集团召开2022年度生产·质量大会，以"新时代五匠质量观"谱写高质量发展新篇章》。

㊁ 摘自全国标准信息公共服务平台发布的《饮料酒术语和分类》。

达的进阶，从品牌价值、文化营销等层面思考品质表达的方式。

茅台酱香酒文化体验馆就是茅台在文化营销层面对品质表达的重要创新。以体验馆为载体，茅台不仅能够宣传产品、文化，也能增强用户体验感和交互性。体验馆的开设，也能使消费者从更多方面了解茅台，感受白酒魅力，让"高品质"不再只是一个抽象的广告词。

文化体验馆之所以能够增强品质表达，主要有四个方面的原因：

第一，茅台酱香酒文化体验馆的建设不受地域空间的限制，能够在全球各地展示茅台的品质形象。同时，将茅台文化要素与当地文化相结合，融合创造新的形式和内容，可以拉近与消费者的距离。以2021年开馆的杭州茅台文化体验馆为例，此馆落地南宋御街，为百年历史街区增添了靓丽色彩；同时，为杭州市打造新消费示范街区发挥了积极示范作用。

第二，加入更多交互性场景和装置。茅台酱香酒文化体验馆，是茅台继茅台文化馆、展示中心及博物馆之后做出的全新尝试。2019年，全国首家茅台酱香酒文化体验馆在北京落成，此后，这样的沉浸式空间宣传在消费市场逐渐走红。茅台酱香酒文化体验馆没有采用太过宏大的展示空间，而是通过增加感官体验区域，为消费者提供更多交互的可能。

第三，提供更多跨界活动。以上海茅台酱香酒文化体验馆为例，它所在的思南公馆，坐落在上海历史文化风貌区，曾朴和曾虚白父子、柳亚子、梅兰芳等名人都曾在这里居住。体验馆不仅有长期举办的茅台酒相关展览，还有不定期举办的读书会，以及更多的跨界活动。

第四，创造更为丰富的饮酒场景。其最显著的表现形式，就是各地的茅台品鉴会。在2020年"贵州茅台酒·陈酿·燕京八景"推介活动中，茅台酒和燕京八景的文创产品融合在一起，打造出休闲式体验、场景式消费，让更多消费者爱上茅台。

未来，茅台的首要任务，是满足消费者对高品质的追求。对消费者而言，仅仅是感官上的品酒和体验，并不能满足在消费茅台时的附加需求，茅台还需要从其消费特点出发，以科学合理、潜移默化的方式，为茅台的高品质持续赋能。

消费需求升级

"消费升级"是当下的热词，它是消费结构改变的内在动力。从2018年开始，以年轻群体为主的消费新势力，开始反向驱动中国快消品行业变革。消费主体互联网化，使渠道为王的营销策略开始丧失原有优势。快消品行业因此呈现出新消费、新商品、新营销、新渠道，以及数字化的变革趋势。消费升级的核心，是消费者需求的变化。企业需要尽快适应变化，才能维持企业美誉力的影响力。

过去，茅台通过独特的故事化营销和品牌定位打动消费者。可如今，消费已经升级，向个性化、兴趣触达、智能化与高效便捷等方向转变。这其中还包含社会、文化及经济发展等不同层面的变化，并且伴随着消费者的不断成长——从自我认同逐步走向自我价值实现。

第一，个性化是中国消费市场的新趋势。这和中国社会开放程度提高、文化日渐多元之间有着密不可分的联系。越来越多的消费者更愿意遵从个人喜好、独特风格来选择性消费，这不仅突破了大众市场原有的刻板印象，也划分了清晰的消费界限。

在以前的消费市场中，消费者的从众心理占据主流。但如今，消费者更注重购买过程中的独特性，甚至出现刻意打破常规的消费行为。基于此，茅台的创新性响应，已如箭在弦上。

第二，专业的消费者逐渐涌现。随着媒体的高度发达、物质的极大丰富，以及人们对生活质量的要求提高，消费逐渐成为陶冶情操、享受生活的一种方式。

中国人对待兴趣爱好的态度愈发认真，很多人渴望成为"专业级人士"。极易获得的知识资讯、多种多样的网络社群和兴趣小组、便捷的网购和配送服务，让中国消费者在发展兴趣爱好时能不费吹灰之力地与国际接轨，尽情发展爱好，市场上涌现出一批批"大师级"兴趣消费者。未来，在饮酒、品酒、调制和私藏等众多方面，"茅台大师"的比重将在消费群体当中逐渐增加。

第三，对物美价廉的需求升级。一方面，消费者对"物

美"产生了更高的要求。过去，人们重视产品的实用性，经久耐用的产品被认为是"物美"。随着需求升级，人们在产品的营养健康、美学设计等方面有了更高的追求。

面对新消费需求，茅台应该如何应对，才能在新的消费时代维护美誉力？毫无疑问，茅台需要在用户分析和市场调研上花费更多时间，并在情感层面积极做文章，与消费者互动。未来消费者对茅台的依恋，将成为建立品牌忠诚度的关键。与客户建立起深厚的情感联系，能够产生巨大回报。现在，茅台各经销商正在不断创新，在终端维护和营销方式等方面进行积极尝试。从茅粉社团的建立，到跨界营销，都是茅台逐步做出的转变。

同时，茅台酒本身就是多价值商品，在这一基础上，还需要深度挖掘潜力，为消费者提供更多价值。虽然情感联结是交易过程的影响因素之一，但在中国消费市场，公司产品或服务的实际功效，仍是消费行为发生的主要依据。因此，中国品牌必须证明其产品溢价的合理性，在评估价格结构和供应链的基础上，确保为客户提供最高的商品价值。

消费群体变化

随着时代进步，新消费群体诞生、成长，形成不同的特征。例如，中等收入群体的消费观比较理智，他们普遍接受过高等教育，注重自我修养的提升；Z世代以"95后""00后"

为主，他们追赶潮流，活跃在互联网上，愿意为喜欢的物品支付高溢价。此外，单身群体、环保型消费者等新群体都各有特征。市场细分时代已经来临，消费群体的圈层化特征越来越明显。不同的消费群体，其消费理念、消费诉求、消费方式差异是巨大的。这样的趋势只会越来越突出。如何满足不同群体的消费需求，提升品牌美誉力，成为一大挑战。

白酒行业的消费群体也在发生变化。例如，年轻人和更多女性的加入，对白酒行业提出了新的需求，包括适口性要好、度数不要太高、外观也得是高颜值等。2020年，中国酒业协会发表了一篇名为《年轻消费群体的酒类消费趋势与机遇》的文章，其中提及美感、文化都将成为新的消费需求增长极。不断关注消费者需求，从而推陈出新，找准定位，直击消费者需求，才能在消费变革的时代维护企业的美誉力。

茅台也不例外。

从全国茅台消费群体来看，各个年龄层的群体分布并不均衡，年轻群体占比低，女性消费者也仅为少数。未来，茅台会向着新生消费群体靠拢吗？如何更加精准地找到属于茅台的消费群体，从而维护茅台美誉力，是它的新任务。从茅台集团到各子公司，都在从宣传口径到营销渠道等多方面积极寻求转变。

"不忘初心，不负韶华。"

"心有灯盏，向阳而生。"

这些写在茅台酒瓶样纸上、大霓虹灯板字体的文字，是茅台在武汉举办的主题品鉴会的主题词。这场名为"贵州茅台·韶华——致奋斗不息的青春"的品鉴会，吸引了众多"茅粉"到场，其中不乏年轻人。在很多地区，茅台经销商都将客户拓展的重点聚焦到年轻消费者和女性消费者身上。

杨亮是安徽阜阳的茅台经销商，他经营茅台酒销售已有十余年的时间。在谈及如今消费群体变化时，他认为，消费习惯、偏好越来越个性化是可见的变化。因此，他正在探索新的传播渠道和触达方式，开辟更为广阔的年轻群体市场。

白酒消费群体中变化最大的要数女性消费群体。女性消费者数量明显上升的原因，主要是女性经济的发展，以及自我意识的普遍觉醒。一方面，以女性消费者为主的美妆、服装领域持续火热；另一方面，在其他领域，如白酒这类以男性消费者居多的市场，也出现了女性消费者的身影，而且消费势能越发突显，所占比重日渐提高。

调查显示，"女性白酒"看似小众，其实市场规模并不小。除了商务场合，日常喝酒的女性也不在少数。2017年，中国女性饮酒比率就达到了29.3%。杨亮谈到，公司越来越重视女性消费者的购买体验，采取个性化策略为她们服务，比如在生日和女性节日为她们送鲜花和小礼物。

茅台的其他经销商也纷纷根据消费群体的变化，采取新的营销方式。

例如，2021年7月的第一周，19个省的茅台经销商开启了全方位的跨界营销之路。为了契合消费者多元化的需求，举办了包括品牌推广、文化传播、公益活动、读书会、品鉴会、团建活动、交流学习等多种令人耳目一新的活动，仅一周就多达94场。不同主题的品鉴会，吸引了不同的消费群体。

消费需求将始终处在一个不断升级更迭的周期中，消费场景、受众群体划分也在随之变化，如何在经典之上再创经典，是茅台必须直面的问题。

因此，未来，茅台美誉力在面临生长和挑战时，也需要创新性地满足消费者的需求。从茅台文化到美学特点，从产品到品牌都需要适时地加入新元素。但必须明确的一点是，这些推陈出新的改变，永远不是本末倒置的标新立异。

用生长应对动态世界

在不断变化的动态世界中，应对市场的频繁波动和突发事件，是未来企业稳健发展的必备能力。面对未知，企业需要和产品不断生长，满足市场需求，为世界创造更多价值。以此为基点，茅台美誉力需要从文化、定位和产品等多个方面不断生长，维护美誉力，应对世界的瞬息变化。

文化生长应对国际发展

从2015年起，茅台进军海外市场取得了突破性进展。在海外流行的白酒品鉴会上，以茅台酒为基底所调制的鸡尾酒愈发常见，这代表着西方消费者逐渐熟悉并接受中国的酱香型白酒。但从企业财报和综合数据来看，茅台仍有极大的发展潜力和空间。

如今，茅台文化在西方传播的局限性，主要体现在以下三个方面：

第一，在海外，茅台酒的饮酒场景相对局限，这将直接影响企业的品牌推广和后续发展。世界上的任何一种酒，都有属于自己的饮用方式，这是地方文化、情感和场景交叠融合的成果。而茅台酒主要作为佐餐酒，出现在生活中。正是有中餐多味型的辅佐，才更能衬托出茅台酒独有的酱香味。如果茅台期待在国际市场中开拓更为广泛的消费市场，还需要不断挖掘适宜的饮用场景，继续以文化优势融化海外市场的坚冰。

第二，文化背景差异。在西方人眼中，茅台这张"中国名片"是了解中国文化的一个入口，在这张名片背后是一种认同，既存在于个体之间，也存在于国家之间。

中国酒在国际市场得到长足发展，是中西酒文化碰撞的体现。在碰撞中能够相互交融，则源于两种酒文化的"惺惺相惜"。在东西方文化源头，酒都被赋予了特别的含义。无论从酿酒传说，还是到祭祀和社会用途，酒的发展历程都与人类社会的政治、生活、军事等密切相连，蕴含着非比寻常的精神文化含义。

在中国，自古便有猿猴造酒说、杜康造酒说，酿酒的历史可追溯到数千年前，酒是中华文化的载体之一。而以茅台为代表的酱香酒，则缘起于汉代枸酱，从祭祀用酒到君王御用，枸酱的发展更是承载了极为丰富、深厚的文化内涵和底蕴。

然而，仅凭描述细数中国酒文化的独特精妙，西方人无法

立即体会其中的深意，也无法感受到白酒背后的礼仪文化和不可言说的文化意象。

茅台在国际发展中需要注意文化传递和表达的方法。将茅台的历史文化通过"文化叙事"讲给西方人听，能够激起更多人的兴趣。海外消费者只有了解了中国酒文化，才能真正接受中国酒，这能为中国酒产业开拓世界市场夯实基础。

第三，海外消费者接触茅台酒的机会相对较少，饮酒体验也少。对此，茅台通过多次举办海外消费者所喜爱的品鉴会、酒会的方式，拉近彼此距离。同时，作为文化窗口的体验馆，也像国内的体验馆一样，采用了更多体验式和感官式的传递方式。

茅台酒进入西方市场的过程，是建立话语体系的过程。如果没有文化作支撑，在海外消费者眼里，白酒只是辛辣的透明液体。中国酒"走出去"并不仅仅是产品出口到国外，是要真正使白酒国际化，让消费者了解并接受中国独特的酒文化，以及其中反映的生活方式。

在开拓海外市场时，文化是中西方酒产业产生共鸣的关键。文化先行的姿态，可以赢得市场认可。未来，茅台将继续发掘对于西方消费群体来说更加适用的方式，讲述中国茅台的故事。

坚守定位，应对市场波动

中国白酒行业经历数次香型轮转、数次深度调整，市场波动早已是常态。对任何行业来说，每次波动都是挑战，稍有不慎，就会对企业美誉力产生冲击。而经历数次市场大波动的中国白酒行业，也在大浪淘沙之中给其他企业带来更为深刻的思考。

从建厂至今的70余年里，茅台旗下产品始终坚持以质论价原则，将质量稳定在行业峰顶位置。在数次市场结构调整中，茅台都坚守自身站位和定力，不断夯实行业和市场基础。

2012年到2015年，白酒行业受到市场和政策的双重影响，进入深度调整期，白酒市场持续低迷。很多企业为了自身的正常运转，走向"断尾求存，低价血战"的道路。茅台却在2014年的经销商大会中明确表示，集团将采取"控量保价"的策略，以应对行业调整带来的萧条态势。

不仅如此，茅台集团还在2015年提出，茅台酒将做到"三个不变"的承诺：不增加销量（稳定在2014年的基础上）；不增加新经销商，特殊情况需要正价的，必须经各省经销商联谊会同意；不降低出厂价格。即使销售业绩不佳，茅台也不愿打破原则。

同样是在行业下行时期，受到价格打压的中国高端白酒，开始了冲量风潮，如同抓住救命稻草一般，纷纷转入电商渠道。当时高端白酒市场形势严峻，但在名酒相继降价、电商混战等复杂情况下，茅台依然坚定维护自己的价格体系。

持续的稳健政策，使茅台在市场波动的迷雾中，找到了正

确的方向。茅台的市场声望与日俱增，在波动中确立了不容撼动的行业龙头地位。

2015年年末，茅台守住了终端价格，零售价回到了千元阵营。茅台所经历的行业风波，是整个白酒行业发展的缩影。在大风大浪中，依旧坚挺向前，一方面是因为茅台对质量红线的坚守，另一方面得益于茅台对品牌定位的坚持。

茅台的成功是内外因素相互作用的结果。终端价格是每一个经销商和企业关注的问题，在这次风波中，那些留下来、依旧坚持与茅台共进退的经销商们，都是始终相信茅台酒能够再次回归价值消费、引领名酒潮流的盟友。这样的信任来自茅台在应对市场波动时笃定不移的坚守和信念。在整个行业处于下行态势的关口，茅台的挺价战略给下游经销商提振了信心，也为整个白酒行业带来了可以借鉴的茅台样本。

产品生长应对消费追求

当消费者的需求不断增加时，产品也需要升级迭代。在坚守与改变中，用产品生长应对新时代的消费变化，是全行业都必须面对的问题。如何找到适合白酒行业的产品生长线，是各个白酒企业迫在眉睫的问题。

当下，渠道不断变革，网络营销所具备的强大竞争力，逐步成为销售渠道领域的全新增长极。因此，从渠道方面进行产品布局，成为重要的生长方式之一。跨界创新的产品思路，让很多酒企开始打造自己的新产品，如影视定制酒。2017年，国产仙侠剧《三生三世十里桃花》掀起一阵热潮，随之推出的周边产品火遍全网。有一款酒产品以剧中主人公为设计思路，被命名为"丰谷墨渊酒"。这款酒的受众主要是中国年轻男性饮酒群体，而低酒度及独特的饮用方式和侍酒温度，成为它的独特卖点。

在其他酒企纷纷升级产品时，茅台也在不断开拓产品生长方式。茅台的着力点主要集中在两个方面：第一，开辟新产品线；第二，拓展新的酱香白酒香型。

从茅台的品牌矩阵来看，不同品类和梯队的酒产品开发，是茅台多年来布局规划的重点。实际上，早在20世纪90年代中期，茅台就已经推出了多品类、广受众、宽应用的酒类产品，包括不同容量包装的茅台酒，不同年份的陈年茅台酒，以及不同种类的茅台干红、茅台啤酒、茅台威士忌等酒产品。而近几年，茅台将目光放在了女性消费群体上，针对性地推出了全新产品——茅台悠蜜蓝莓酒。

"把你的阴影置于日晷上，让风吹过牧场。

"让枝头最后的果实饱满；

"再给两天南方的好天气，催它们成熟，

"把最后的甘甜压进浓酒。"

这是奥地利诗人里尔克的诗句，也是茅台悠蜜蓝莓酒在营

销时引用的诗句。在品牌宣传中，悠蜜（Umeet）以"你来，你遇见，一切都是刚刚好"的广告词走进了消费者内心，尤其打动了女性消费者。在社交媒体上，一位女性茅台消费者将自己饮用悠蜜的感受写了下来：

"微醺和秋风明媚，一切都是刚刚好。这种感觉和选酒一样，有时你不想一醉方休，也不想三五好友相聚畅饮。想做的就是去楼下买一瓶甜酒，最好是利口酒。回到家把灯光调暗，在杯子里放上冰块。利口酒的味道就是点燃生活的甜蜜。"

"蓝莓新酿"则是茅台打造出的另一款新品，其在2020年举办的"新时代·新悠蜜·新机遇"新产品推介会推出。从2015年到2020年的5年时间内，茅台已建造了3万亩蓝莓产业园，为茅台蓝莓酒提供优质原料。在酿造优质蓝莓酒上，茅台积累了丰富经验。正是因为如此，蓝莓新酿一经推出，就吸引了无数消费者的关注。

在新产品领域的开发和热卖，不仅显示出茅台集团在多元化、个性化消费领域的积极探索，更显示出茅台以引航者的姿态在蓝莓酒领域挖掘出的巨大空间。数据显示，截至2020年7月15日，贵州茅台集团和蓝莓生产基地签订的合同金额达7 696.2万元，再加上茅台直营系统、网店平台等，销售总额合计已达9 000万元。⊖这样的成绩，足以表现出由产品生长带来

⊖ 摘自《新京报》的《"悠蜜"新品亮相，茅台借蓝莓酒探索多元化消费市场》。

的巨大市场反响。

在香型方面的开拓也是茅台持续发力的方向。尽管白酒行业已经经历多次香型轮转，但茅台始终保持定力，专注于酱香型。但茅台对酱香型这一香型也在不断进行探索，这主要体现为对酱香口感的精益求精。

在不断变化的消费需求下，越来越多的消费者期待柔和的饮酒体验。但酱香酒的生产工艺，以及白酒的高度数等诸多因素，都让酒体醇厚。如何保证酱香工艺实现柔和口感，是一个难题。

2018年，茅台对酱香酒做了一系列研究。它的香味复杂，以至于至今都无法通过香料勾兑完成酱香味形。其独特的发酵工艺，是酱香的源头，概括来说，是酒香味里有一种类似豆类在发酵后特有的酱香。

从酱香型白酒的香味分析，它的香味成分种类丰富，而且含量都比较高，是由许多香味混合成的复合香味。这种复合香味又被分为前香和后香。一般情况下打开酒盖，一股幽雅而细腻的芬芳扑鼻而来，这股香味就是前香；然后再仔细一闻，闻到的便是酱香，酱香中夹带着一丝烘炒的甜香。在饮尽这种香型的酒之后，即使是空杯也依旧留有一股香兰素和玫瑰花的幽雅芳香，而且七天之内都不会消失，所以又被称作空杯香，这就是后香。前香和后香相辅相成，浑然一体，卓然而绝。

这是茅台酒独有的香味特点。

在生产工艺上，茅台采用的是高温制曲、高温堆积、高温蒸馏等技艺，并创造了一套一年一个生产周期，二次投料，八次发酵，七次取酒，以酒养糟，长期陈酿，精心勾兑的生产方法。这样产出的成品酒的风格特点是酱香突出、幽雅细腻、酒体醇厚、回味悠长，并以低而不淡，香而不艳著称。

这些重要的特点是不会轻易改变的，但在已有工艺流程中不断改进、实现独立创新，也可以做到既保留传统工艺，又打造出新口感。

2018年，一款柔和酱香型白酒诞生了。它是由茅台研发的新品，其酿造工艺在传统基础上进行了一些技术创新。此款产品的问世，本身就是一种独立创新，因为在我国白酒市场上，还没有柔和酱香型的白酒产品，它的出现填补了这一空白。

茅台醇系列酒53度500毫升柔和酱香酒

柔和酱香型白酒产品在立项开发时就以提升产品品质为宗旨，以技术创新为立足点，在连续几年的实践中，不断对关键工艺环节、重要参数进行调整、优化，最终形成完整的柔和酱香型白酒酿造工艺。其工艺流程大致为二次投料、一次续沙、八次发酵、十次蒸煮、七次均衡取酒。

这与传统生产工艺相比主要有以下几点差异：第一，柔和型酿造工艺调整了传统酿造工艺在下沙、糙沙时的高粱破碎率，同时，调整了润粮方式及加水的比例；第二，糙沙曲药改变为采用中偏高温大曲与高温大曲混合使用，并且调整两者的比例，使其进一步得到优化，进而有效减少一轮次酒的酸、涩味，使其粮香味更突出，酒的口感显得更加柔和、醇厚；第三，开创了柔和酱香型白酒酸酒工艺中的续沙工艺，并对其所需条件进行优化，以有效减少第六、第七轮次酒的苦味，使酒的口感更为纯正。

早在2010年，茅台技术开发公司就曾邀请专家品评53度柔和酱香型白酒样品，经过讨论之后，专家给出了对酒体风格的一致意见："酒样绵柔、醇和、酱香显著、幽雅协调、尾净味长、空杯留香持久。"

综合多位专家对柔和酱香型白酒产品的品评意见，其酒体风格可具体概括为：酒体微黄、清澈透明、酱香明显、绵柔醇和、幽雅协调、尾净味长、空杯留香。

柔和酱香型白酒的酿造工艺独具一格，极具创新性，在国内相关文献、报道中都未曾发现相同的工艺。茅台与中国食品发酵工业研究院、中国食品工业协会白酒专业委员会合作，以柔和酱香型白酒工艺研究为基础开展的相关课题还通过了贵州省科技厅科技成果鉴定，于2015年获得了贵州省科学技术进步三等奖，并在2017年获得了国家知识产权局的专利授权。

茅台正是依靠这些生长面对动态变化的世界，从多维度的生长实现稳定的国际化发展，不断适应升级的消费需求。

构建有远大理想的茅台

塑造跨越时间的强大品牌，是企业长盛不衰的重要原因。品牌是企业的生命力，一个具象的例子是：当人们想购买碳酸饮料时，映入脑海的第一个选择，往往是可口可乐。作为世界级碳酸饮料龙头企业，可口可乐的发展历史已超过百年。强大的品牌效应让可口可乐走出美国，遍布全球，并且生命力旺盛。

茅台也不例外。作为中国大曲酱香型白酒的代表，茅台品牌力的强大不言而喻。2021年10月26日，贵州茅台以10 110亿元的品牌价值，成为胡润2021年中国品牌价值榜中"最具价值的中国品牌"，此次上榜已经是贵州茅台第四年蝉联此位。此外，贵州茅台也是2020年、2021年连续两年内，胡润中国品牌价值榜中的唯一一个万亿级品牌。

面向未来，茅台如何持续打造品牌美誉力？可以看到，茅台正在构建远大理想，以深挖美誉力"护城河"，保证企业的永续发展。什么是企业的远大理想？比如，提及迪士尼，"让人快

乐"这一概念便在人们的脑海中浮现；提及惠普，为了人类进步、人类福祉做出技术贡献的理念让人印象深刻；思及茅台，其远大理想也有印刻在企业身上的特殊印记。

其一，时代性。茅台的发展历程具有显著的时代标志。中华人民共和国成立后，茅台在原有的传统作坊基础上，于1951年由政府组建成立了茅台酒厂。此后茅台70余年的发展历程，正与时代的发展紧密呼应。在品牌美誉力持续进阶的道路上，茅台也紧密贴合时代精神，在不同时代提出相应的战略目标、品牌价值观等。但唯一不变的是"爱我茅台，为国争光"的初心与使命。

我国正处于实现中华民族伟大复兴的历史进程中。在第二个百年奋斗目标大背景之下，树立中国品牌拥有了新的使命。以茅台为代表的民族企业肩负着彰显中国品牌、树立中国文化自信的重要使命。在由中国制造向中国创造转变，中国速度向中国质量转变，以及中国产品向中国品牌转变的过程中，中国品牌价值不断提升。

其二，独特性。企业的远大理想要与自身气质相符。在茅台，这表现为对工匠精神的坚守。多年来，工匠精神都是支撑茅台蓬勃生长的养料。无论遵循10个工艺特征，还是传承师带徒制度；无论制酒工人的每一次上甑，还是踩曲工人的每一次"曲间芭蕾"；无论管窖工对紫砂泥的精细把控，还是"第一生产车间"对原料的严格把控……工匠精神贯彻在茅台酒生产的每一个环节。从粒粒粮食到滴滴美酒，匠人的精神品质，具象化为手上的每一个操作。苛刻的质量要求和对工艺的传承与坚守，成就了一瓶瓶茅台酒的风味。正是如此，工匠精神成为茅台的独特标记。

尤其重要的是，工匠精神迸发出的强大活力，构筑了茅台品牌的生命力。在"弘扬工匠精神，勇攀质量高峰，打造更多消费者满意的知名品牌"背景下，茅台正朝着"高质量发展，大踏步前进"的方向不断靠近。

其三，永续性。企业的远大理想能够产生源源不断的能量，激励过去、现在和未来每一代人为其奋斗和奉献。而这样的理想必定与国家民族文化深度相连。

一个企业的品牌越能体现民族文化，其生存发展的能力就越强。这就意味着，茅台在塑造品牌的道路上，势必要重视中国文化在其中的重要作用。以坚定的文化自信，支撑起中国品牌的建设发展，是茅台发展的重要使命，也是推动茅台朝世界高端品牌发展的途径之一。

构建远大理想将产生催人奋进的强大力量，推动企业永续发展、基业长青。在此过程中，企业的美誉力将不断增强。茅台本身就是一个很好的例证。未来江海宽阔，茅台仍然在路上。带着对远大理想的憧憬和期待，我们有理由相信茅台的未来会更加美好。

后　记
不惧险滩，春水长流

作为中国民族品牌企业的典型代表，茅台的品牌锻造之路颇具传奇色彩。无论在巴拿马万国博览会上获得金奖，还是与红色文化结缘；无论作为开国宴上的主酒，还是在外交场合上的多次露面……茅台身上的故事与积淀，都具有独一无二、不可复制的特性。

一言以蔽之，源远流长的文化积淀与发展历程中的特殊经历，共同为茅台这一品牌的知名度奠定了深厚的基础。与此同时，巧思的茅台人善于利用已有元素，为品牌美誉力的发展创造有利条件。

山海路迢迢，远距离观察无法看清一家企业的面貌。于是，考拉看看头部企业研究中心走进茅台集团，将"美誉度"从抽象的词语具象为一幕幕场景。

环境美，是第一印象。

初到茅台镇，我们就看到路边错落有致的酒铺，它们大多打着茅台王子酒、茅台迎宾酒和贵州大曲等招牌，酒铺里摆放着巨大的褐色酒坛，一阵阵极浓郁的酱酒香味飘进车里。车辆一路向山脚下行驶，经过两三个大拐弯，终于停在了平坦的河谷地带。河谷之中，赤水河宛如翡翠玉带，穿越酱香环绕的小镇。

茅台酒的生产酿造与环境的关系非常紧密。早在20世纪90年代，季克良就提出"离开茅台镇，就产不出茅台酒"这一科学论断。环境中的微生物群落影响着一瓶酒的风味，只有环境好，酒才会美。于是，在坚守传统酿造的基础上，"绿水青山就是金山银山"的观念已深入每个茅台人的心中。

进入茅台集团，两边绿树掩映，郁郁葱葱，满目苍翠。一个令人印象深刻的细节是，柏油路中间有几棵树，茅台为让其继续生长特意在修路时绕开了它们。此外，路边酒厂旁的围墙里，极具生命力的树根冲破水泥的阻挡，苍劲有力。这一幕幕画面背后，折射出一家企业与自然的和谐相处。

人美，是第二层认识。

不管是中高层领导，还是一线生产人员，在谈到茅台时，脸上都洋溢着自豪的神情。采访过程中，一位即将退休的茅台员工提到，茅台是他们的信仰，每个人都将茅台视作自己的生命。每每说到情动之处，他的眼里都闪烁着晶莹的泪花。

在茅台，为茅台奋斗就是为家庭奋斗，是众多茅台人共同的信念。信仰付诸行动，则是对工艺、质量的极致追求。从一

穷二白的小作坊，到今天的千亿元营收、万亿元市值；从名不见经传的山沟沟企业，到成长为世界蒸馏酒第一品牌；从连续16年亏损，到成为中国民族企业的一张名片……茅台能够发展到今天，离不开所有茅台人的努力。

一生择一事、干一行爱一行的工匠精神，已成为茅台人的标签。质量在我手上，是茅台人始终如一的坚守。正因为如此，他们坚守八次发酵、九次蒸煮、七次取酒，坚守人工上甑、人工制曲。在人人都是工匠的氛围之下，追求极致的精神理念固化为每一个操作流程，从原料三级检验，到曲粉的磨碎比；从上甑的"轻、松、薄、匀、平、准"六字法则，到看花摘酒的本领修炼……钻研酿造工艺的茅台人，关注着手上的每一个细节。

当每位员工都将自己的命运与企业发展相连时，就会自觉承担起将企业发扬光大的职责。茅台人做到了。他们在工作和生活中自然流露出的主人翁意识，汇聚成一股力量，推动着产品、品牌和企业向前发展。

产品美，是第三层含义。

李白曾用"但使主人能醉客，不知何处是他乡"来赞美主人款待的佳酿味美。美酒的美誉赞赏，最终会落到产品本身。于茅台而言，产品美在于其味道、工艺、包装的内外兼修，令消费者爱不释手。

产品美首先体现在风味上。茅台酒含较多酸类、醇类、酯类、醛酮类、芳香族类化合物，从而形成2000多种香味物质，科研人员一直致力于分析其中的香味成分。截至目前可以确认的是，茅台酒是世界上香味物质最多的酒之一。

风味独特和工艺分不开，而工艺之美也是茅台产品美的重要体现，茅台的工艺美源于工匠的精工细作。另外，产品美也体现在品质中，茅台酒都以纯粮酿造，而且以酒勾酒，人们喝完"不口干、不上头、不宿醉"，这些特点都是它安全纯粹的表现。

在产品包装中，也能看到产品之美。包装是一种形式，初衷是更好地保存茅台酒，再在"真善美"的寓意上，加上了茅台独有的美感。在出厂前，每一瓶茅台酒都要由酒厂女工亲手系上红丝带。大量人工的投入，让茅台酒在流水线批量生产的时代，保留着人情的温度，体现出不可复制的茅台之美。

文化美，是第四层含义。

茅台集团的楼顶树立着八个大字——爱我茅台，为国争光。这是茅台集团的企业精神，也是推动茅台集团向上发展的动力。茅台的文化内涵中，有中国数千年传统文化的底蕴，也有与国家同梦同行的宏大爱国情怀，还有小家串联而成的大家文化。如此种种，让茅台具备了大国企业的担当和使命感。

为什么茅台一直以来积极承担社会责任、反哺社会？为什么茅台一直积极走出去，宣扬中国文化、中国酒文化？为什么茅台能够在关注自身发展的同时，积极带动行业健康有序发

展,致力于企业竞合?这一切都与茅台文化有着紧密关系。

茅台文化美,美在其兼济天下的胸怀。茅台有足够的底气与自信,带领白酒行业积极、健康发展。与此同时,茅台积极承担社会责任,助力地方脱贫,拉动经济发展,树立行业典范。强大的社会责任感与使命感,为茅台美誉力的传播奠定了重要基础。

若要细数起来,还有许多美的场景蕴藏在茅台美誉力中,它们共同整合为巨大的力量,塑造了茅台经久不衰的美誉力。未来,茅台品牌的美誉发展,或许会面临更多挑战,但一个重视产品品质的企业,一个坚守百年工匠传承的企业,一个积极承担社会责任、大力推动地方经济发展的企业,一定有其牢固根基。我们期待如茅台一般的中国企业,可以走向更加广阔的世界,创造属于中国品牌的美好明天。

策划机构

考拉看看
KOALA CAN

考拉看看是中国领先的内容创作与运作机构之一，由资深媒体人、作家、出版人、内容研究者、品牌运作者联合组建，专业从事内容创作、内容挖掘、内容衍生品运作和超级品牌文化力打造。

考拉看看持续为政府机构、企业、家族及个人提供内容事务解决方案，每年受托定制创作超过2000万字，推动超过200部图书出版及衍生品开发；团队核心成员已服务超过200家上市公司和家族，包括褚时健家族、腾讯、阿里巴巴、华为、TCL、万向、娃哈哈及方太等。

书服家
FORBOOKS

书服家是一个专业的内容出版团队，致力于优质内容的发现和高品质出版，并通过多种出版形式，向更多人分享值得出版和分享的知识，以书和内容为媒，帮助更多人和机构发生联系。

写作 | 研究 | 出版 | 推广 | IP 孵化

电话：400-021-3677　　　网址：Koalacan.com

读者交流